DR. MED. GUTH | HICKISCH | DOBROVIČOVÁ

SUPERFOOD SMOOTHIES

VITALSTOFF-POWER FÜR MEHR ENERGIE

DIE GU-QUALITÄTS-GARANTIE

Wir möchten Ihnen mit den Informationen und Anregungen in diesem Buch das Leben erleichtern und Sie inspirieren, Neues auszuprobieren. Bei jedem unserer Bücher achten wir auf Aktualität und stellen höchste Ansprüche an Inhalt, Optik und Ausstattung. Alle Rezepte und Informationen werden von unseren Autoren gewissenhaft erstellt und von unseren Redakteuren sorgfältig ausgewählt und mehrfach geprüft. Deshalb bieten wir Ihnen eine 100%ige Qualitätsgarantie.

Darauf können Sie sich verlassen:
Wir legen Wert darauf, dass unsere Kochbücher zuverlässig und inspirierend zugleich sind.
Wir garantieren:
• dreifach getestete Rezepte
• sicheres Gelingen durch Schritt-für-Schritt-Anleitungen und viele nützliche Tipps
• eine authentische Rezept-Fotografie

Wir möchten für Sie immer besser werden:
Sollten wir mit diesem Buch Ihre Erwartungen nicht erfüllen, lassen Sie es uns bitte wissen! Wir tauschen Ihr Buch jederzeit gegen ein gleichwertiges zum gleichen oder ähnlichen Thema um. Nehmen Sie einfach Kontakt zu unserem Leserservice auf. Die Kontaktdaten unseres Leserservice finden Sie am Ende dieses Buches.

GRÄFE UND UNZER VERLAG
Der erste Ratgeberverlag – seit 1722.

DIE GRÜNEN

Grüne Superfood-Smoothies sind keine klassischen grünen Smoothies, denn das Pflanzengrün mit seinem Chlorophyll ist hier lediglich eine Superfood-Zutat unter anderen. Als Ergänzung oder Variante jedoch können »Die Grünen« Abwechslung ins Glas bringen.

DIE GEHALTVOLLEN

Zubereitet mit sättigenden Zutaten wie Nüssen sind Superfood-Smoothies das ideale Mittagessen. Die Mini-Rohkost-Mahlzeit ist leicht verdaulich, liefert uns frische Energie und gibt uns Kraft für weitere Aktivitäten.

DIE FRUCHTIGEN

Superfood-Smoothies sind als Zwischenmahlzeit ideal und ein wunderbarer Kaffee-Ersatz. Denn die Power-Getränke schmecken nicht nur lecker, sondern versorgen den Körper ganz nebenbei mit frischen Vitalstoffen und neuer Lebensenergie.

Superfoods sind Pflanzen und Pflanzenprodukte mit einer besonders hohen Nähr- und Vitalstoffdichte. Sie enthalten oft in großen Mengen Vitamine, Mineralien, Spurenelemente, Antioxidantien, Ballaststoffe und Phytonährstoffe (sekundäre Pflanzeninhaltsstoffe), aber auch wertvolle Eiweiße, Kohlenhydrate und Fette. Nach heutigem Wissen sind sie in der Lage, die Gesundheit des Menschen zu unterstützen und an der Heilung von Erkrankungen mitzuwirken.

GESUNDER TREND

Der Begriff »Superfood« wurde bereits zu Anfang des 20. Jahrhunderts geprägt, ist aber erst jetzt zu einem weitverbreiteten Medienbegriff in der westlichen Welt geworden. Grund dafür ist das gegenwärtig hohe Interesse an Gesundheit im Allgemeinen und an gesunden Lebensmitteln im Besonderen: Die Forschung bringt fast täglich neue und spannende Ergebnisse hervor, die von den Medien rasch verbreitet werden. Mittlerweile gibt es einige wissenschaftlich gut untermauerte Tatsachen, die beweisen, dass pflanzliche Nahrungsmittel wesentlich gesünder sind als tierische und insbesondere pflanzliche Rohkost nach heutigem Wissensstand von vielen Fachleuten für die beste und gesündeste Lebensmittelgruppe gehalten wird.

AN EINHEIMISCHE SUPERFOODS DENKEN!

Es gibt auch einen Trend, der suggeriert, dass Superfoods besonders unter exotischen Lebensmitteln zu finden sind, obwohl – bis auf relativ wenige Ausnahmen – der Gehalt an gesundheitsfördernden Inhaltsstoffen in heimischen Pflanzenprodukten denen exotischer Lebensmittel nicht nachsteht. Das führt dazu, dass einheimische Früchte wie die Schwarze Johannisbeere im Konsumenteninteresse eindeutig unterbewertet werden, während die Nachfrage nach den »Exoten« künstlich angekurbelt wird. Die damit verbundenen möglichen sozialen und ökologischen Probleme in den Anbauländern bleiben dabei weitgehend unbeachtet. Auch können exotische Pflanzen meist aufgrund der langen Transportwege nicht frisch geliefert werden und müssen vor Ort haltbar gemacht werden – Qualitätseinbußen lassen sich dabei nicht vermeiden.

UNSERE SUPERFOOD-LEBENSMITTEL

Die in diesem Buch verwendeten Superfoods stellen eine
Auswahl derjenigen Pflanzen und Pflanzenprodukte
dar, die wir aus eigener Erfahrung und dem Studium der
am Markt befindlichen Literatur für sinnvoll erachten.
Das heißt nicht, dass wir andere Superfoods ablehnen.
Grundsätzlich verwenden wir aber aus verschiedenen
Gründen keine tierischen Produkte. »Superfoods« ist
keine offiziell definierte Lebensmittelkategorie, und the-
oretisch könnte man viele Hunderte von Lebensmitteln
in diese Liste aufnehmen. Wir zählen auf jeden Fall auch
grünes Blattgemüse zu den Superfoods, da wir durch
unsere Erfahrungen mit den grünen Smoothies davon
überzeugt sind, dass Grünpflanzen die wertvollste Nah-
rungsmittelgruppe überhaupt darstellen; nicht nur aufgrund ihrer wertvollen Inhaltsstoffe und ihrer gesund-
heitswirksamen Natur, sondern auch aufgrund ihrer
leichten Verfügbarkeit, was aus ökologischen Gründen
und angesichts der Ressourcenverknappung eine immer
größere Rolle spielt.

Vom Konsum großer Mengen einzelner Superfoods
raten wir ab. Denn manche der Phytonährstoffe in bestimmten Pflanzen können, in größeren Mengen genossen, auch schädlich sein – in der Natur dienen sie zum
Beispiel zur Abwehr von Fressfeinden. Dazu zählen nicht
nur die Stoffe in Giftpflanzen, sondern auch solche aus
Pflanzen, die als Küchenkräuter verwendet werden. Ein
Beispiel ist der Borretsch, der leberschädigende Pyrroli-
zidin-Alkaloide enthält. Deshalb gilt: Superfoods können
keine ausgewogene pflanzliche Nahrungszusammenstel-
lung ersetzen! Denn es gibt keine einzige Pflanze, die alle
Stoffe, die der Mensch für seine Gesundheit benötigt,
in ausreichender Menge enthält. Superfoods optimieren
und ergänzen die Vielfalt.

HEILPFLANZEN, KEIN SUPERFOOD!

*Manche Pflanzen enthalten Stoffe,
die beim Menschen starke, spezifi-
sche Heilwirkungen entfalten können. Sie werden als Heilpflanzen
bezeichnet und dienen oft auch zur
Gewinnung von Medikamenten.
Diese Pflanzen dürfen in der Regel
nur in ausgewählten Situationen
und in streng kontrollierten Mengen für Heilzwecke verwendet werden. Sie finden sich normalerweise
nicht unter den Superfoods.*

Es gibt eine chinesische Weisheit, die lautet: »Nahrung ist Medizin, die nicht bitter schmeckt«. Das Wissen über die heilsamen Aspekte von Nahrung fand in der Kultur des Taoismus vor über 2000 Jahren in China eine Hochblüte und stellte u. a. den Ausgangspunkt für die Traditionelle Chinesische Medizin dar. In den westlichen Kulturen dauerte es wesentlich länger, bis man im 20. Jahrhundert begann, Nahrung nicht nur als Mittel zur Sättigung und in gehobenen Kreisen als Mittel für erlesene Gaumenfreuden zu nutzen. Immer stärker verbreiteten sich Erkenntnisse, dass richtig eingesetzte Nahrungsmittel das Wohlbefinden und die Gesundheit spürbar verbessern und so zu einem langen, beschwerdefreien Leben beitragen können. Wissenschaftliche Befunde haben dazu geführt, dass in jüngster Zeit der Konsum von Tierprodukten in unserer Gesellschaft immer kritischer beurteilt wird und der Trend zu mehr pflanzlichen Lebensmitteln stark an Bedeutung gewinnt – dies zeigt sich u. a. am zunehmenden Interesse an der veganen Küche.

VORREITER FÜR DIE GESUNDHEIT

In den letzten Jahren fand mit den grünen Smoothies ein weiterer wichtiger Entwicklungsschritt hin zu pflanzlicher Rohkost statt. Die Erforschung naturbelassener pflanzlicher Produkte rückt immer weitere Pflanzen ins Rampenlicht, die sich durch einen besonders hohen Gehalt an Vitalstoffen und »Energieträgern« auszeichnen. Diese Forschungen sind sehr jung und bei weitem noch nicht abgeschlossen. Sie erlauben aber, dass man einzelne pflanzliche Lebensmittel bereits jetzt – wissenschaftlich belegt – als besonders gesundheitsförderlich empfehlen kann. Da die Bezeichnung »Superfoods« für derartige Lebensmittel nicht geschützt ist, sollte man in diesem faszinierenden Gebiet jedoch Vorsicht walten lassen. Man darf annehmen, dass in näherer Zukunft weitere Erkenntnisse erlauben werden, die Nahrung so weit zu optimieren, dass die gesundheitsschädlichen Anteile zunehmend durch gesundheitsfördernde ersetzt werden können. In diesem Prozess spielen Superfoods eine entscheidende Rolle: Sie sind Vorreiter für eine Gesellschaft, die sich nicht nur an einer besseren Gesundheit erfreuen kann, sondern die auch durch den bewussteren Umgang mit dem Grundbedürfnis nach Nahrungsaufnahme entscheidende, positive sozioökonomische Impulse setzen kann.

DAS STECKT IN DEN SUPERFOODS

Superfoods können bei richtigem Einsatz durch die besondere Zusammensetzung ihrer Inhaltsstoffe die Gesundheit des Menschen positiv beeinflussen und andere schädliche Lebensmittel ersetzen. So enthält zum Beispiel jede Pflanze eine Vielzahl von sogenannten Phytonährstoffen oder sekundären Pflanzenstoffen, die den Überlebenschancen der Pflanze dienen. Bei vielen dieser Stoffe hat sich herausgestellt, dass sie eine positive Wirkung auf die Gesundheit des Menschen haben, wie zum Beispiel die Anthocyane, die in vielen dunkelblauen Früchten vorkommen, etwa in der Heidelbeere, der Acaibeere oder der blauen Weintraube. Aber die Superfoods können auch noch mit vielen anderen wertvollen Inhaltsstoffen punkten, etwa mit Antioxidantien wie dem Vitamin C, Mineralstoffen, ungesättigten Fettsäuren oder Chlorophyll.

WARUM SUPERFOOD-SMOOTHIES?

Durch den Superfood-Smoothie bekommt pflanzliche Nahrung den Stellenwert in unserer täglichen Ernährung, den sie von Natur aus hat. Mixen stellt einen unschlagbaren Vorteil für die Aufnahme der Inhaltsstoffe aus rohen Pflanzen in den Körper dar. Durch das Aufbrechen der unverdaulichen Zellulosewände der Pflanzenzellen wird Rohkost gut verdaulich und bekömmlich. Der Mixer setzt auf diese Weise alle Nährstoffe frei, die dadurch direkt in den menschlichen Stoffwechsel eingebaut werden können. Anders als beim Kochen bleiben alle wertvollen Nährstoffe unverändert und naturbelassen. Der Smoothie erlaubt unendliche Kombinationsmöglichkeiten der Inhaltsstoffe, für jeden Geschmack und für jeden Bedarf!

REGELMÄSSIG, NICHT ÜBERMÄSSIG!

Superfoods enthalten oft Vitamine und andere Pflanzeninhaltsstoffe in höherer Konzentration als andere Pflanzen. Das ist zum einen vorteilhaft, da damit der Bedarf an diesen Stoffen rascher gedeckt ist. Zum anderen gibt es Hinweise, dass beispielsweise eine hohe Konzentration von Spurenelementen in einer Pflanze die Aufnahme von Vitaminen verhindern kann und umgekehrt. Deshalb sollen Superfoods zwar regelmäßig, aber nicht übermäßig konsumiert werden.

SUPERFOOD-WIRKUNG

FÜR EINEN GESUNDEN KÖRPER

Der Wert eines Superfoods bestimmt sich hauptsächlich aufgrund der Inhaltsstoffe einer Pflanze: Hohe Konzentrationen an Phytonährstoffen, Vitaminen, Mineralien, Proteinen etc. sind die Voraussetzung, um als Superfood zu gelten. Es zeigt sich aber auch, dass eine Pflanze mehr als die Summe ihrer Inhaltsstoffe ist. Über viele Pflanzen gibt es ein Jahrtausende altes auf Erfahrungen basierendes »Gesundheitswissen«, das sich beispielsweise in der Traditionellen Chinesischen Medizin oder im ayurvedischen Gesundheitssystem zu einer Zeit entwickelt hat, als man noch nicht die technischen Möglichkeiten hatte, die chemische Zusammensetzung einer Pflanze zu analysieren. Ein solches Wissen offenbart das »Wesen einer Pflanze, ihre Seele« und ist nach wie vor hochaktuell. Diese Aspekte sollten unbedingt in die Beurteilung von Superfoods einfließen, da sie häufig Information bieten, die über die rein biochemische Analyse der Inhaltsstoffe hinausgehen.

WARUM SIND SUPERFOOD-SMOOTHIES SO GESUND?

Durch pflanzliche Rohkosternährung werden die wichtigsten Nahrungsmittel, die den Körper schädigen können, vermieden: Tierprodukte und raffinierte Pflanzenprodukte! Richtig zubereitete Superfood-Smoothies sind frei von Cholesterin und Transfetten, enthalten keine raffinierten Kohlenhydrate und krebserregenden Stoffe, die beim Erhitzen von Eiweiß, Kohlenhydraten und Fetten gebildet werden, verhindern eine Übersäuerung des Organismus und versorgen ihn stattdessen mit großen Mengen Antioxidantien, Vitaminen, Ballaststoffen, Phytonährstoffen und Nahrungsenzymen.

Viele dieser Stoffe, wie die B-Vitamine, die Vitamine A, C und E sowie die Mineralien Eisen, Kupfer, Mangan, Selen, Zink und Phytonährstoffe helfen dabei, gesundheitsschädliche freie Radikale abzufangen. Diese entstehen unter anderem, wenn die Leber ihre wichtige Funktion als Entgiftungsorgan erfüllt: Von Alkohol über Koffein und Zigarettenrauch bis hin zu Transfetten und Medikamenten gelangt alles in die Leber und wird dort so umgebaut, dass es über die Galle oder den Urin ausgeschieden werden kann. Gebunden an Ballaststoffe – von den Superfoods ebenfalls reichlich mitgeliefert – können diese Giftstoffe ausgeschieden werden. Sind zu wenig Ballaststoffe verfügbar, besteht die Gefahr, dass der Körper die Schadstoffe über den Darm wieder aufnimmt.

FIT MIT MINERALIEN

Viele Superfood-Pflanzen enthalten in größeren Mengen auch Mineralstoffe, für deren Bedarfsdeckung man sonst eher an tierische Lebensmittel denkt und mit denen es vor allem bei Veganern zu Versorgungsproblemen kommen kann. Kalzium etwa – wichtig für gesunde Zähne und Knochen, die Blutgerinnung, Muskelentspannung, Nervenfunktion und Energiespeicherung – ist nicht nur in Milchprodukten reichlich enthalten, sondern auch in Kohl und anderem Blattgemüse, Orangen, Sesam, Chiasamen, Mandeln und Feigen. Und die Versorgung mit Eisen und Zink kann nicht nur über Fleischprodukte erfolgen, sondern auch über Pflanzennahrung. Eisen, das für die Bildung des roten Blutfarbstoffes essenziell ist, kommt in nennenswerten Mengen zum Beispiel in Nüssen, Kürbiskernen, Leinsamen, Avocados, Johannisbeeren, Kokosnüssen, grünem Blattgemüse, Roten Beten, Rosinen und Feigen vor. Nüsse und Samen sind zugleich auch eine gute Quelle für Zink, dessen Mangel sich vor allem durch ein geschwächtes Immunsystem bemerkbar macht. Aber auch Getreide und Hülsenfrüchte leisten einen guten Beitrag, um den Bedarf an Zink zu decken. Dabei empfiehlt sich der Verzehr von Linsen oder Bohnen vor allem als Sprossen, aus denen Zink für den Körper besonders gut verfügbar ist.

Magnesium hingegen ist ein Mineralstoff, mit dem alle, die gern Pflanzennahrung essen, sehr gut versorgt sind. Denn eine Hauptquelle stellt Pflanzengrün dar, für dessen grüne Farbe Magnesium verantwortlich ist. Doch Magnesium ist auch Bestandteil von Nüssen, Früchten und Kakao. Der Mineralstoff ist wichtig für Knochen, Nervenfunktionen und einen geregelten Herzrhythmus. Stress, intensiver Sport oder Krankheit können den Bedarf erhöhen – für solche Situationen ist bestens gewappnet, wer von Haus aus gut mit Magnesium versorgt ist.

UNBEDINGT ROH ESSEN!

Superfoods sollten grundsätzlich über Bioqualität verfügen und roh gegessen werden, damit sie ihre volle Wirkung entfalten können. Viele Inhaltsstoffe werden beim Erhitzen über 42 Grad verändert und teilweise denaturiert.

IN BIO- UND ROHKOSTQUALITÄT

Der wichtigste Grundsatz bei der Smoothie-Zubereitung lautet: Zutaten nur in Bioqualität! Wenn wir schon gesteigerten Wert auf die gesunden Inhaltsstoffe legen und zu Superfoods greifen, sollten wir gleichzeitig die Zufuhr von Schadstoffen über die Nahrung vermeiden. In konventionell angebauten Pflanzen hinterlassen Pestizide, Herbizide und Fungizide ihre Spuren und beeinträchtigen deren positive Wirkung auf den Körper. Da ein Biobauer seinen Boden pflegt und nicht mit Kunstdünger und Pflanzen»schutz«mitteln verunreinigt, verfügen Bioprodukte generell über viel mehr mineralische Inhaltsstoffe, die notwendig sind, um die Bildung der anderen Vitalstoffe zu katalysieren. Dies merkt man auch im Geschmack. Gerade der gute natürliche Geschmack ist eine wichtige Komponente der gesunden Ernährung. Leider kennen die meisten Menschen den Geschmack eines Naturprodukts nicht mehr, weil der Gaumen oft schon von Kindheit an durch intensive Gewürze, Zucker, Salz, Geschmacksverstärker, Farb- und Konservierungsstoffe geprägt ist. Superfood-Smoothies bieten die Möglichkeit, den eigenen und natürlichen Geschmack wieder neu zu entdecken.

Bioqualität lässt sich noch steigern durch Rohkostqualität. Unsere Nahrung sollte nicht nur schadstofffrei, sondern auch so wenig wie möglich thermisch behandelt sein. Alle Lebensmittel, die nicht eindeutig als »Rohkost« deklariert sind, werden im Herstellungsprozess pasteurisiert, also durch kurzzeitiges hohes Erhitzen haltbar gemacht. Vitamine, Antioxidantien, Fettsäuren und Proteine reagieren sehr empfindlich auf Temperaturen von über 40 Grad und verändern ihre Struktur, wodurch nicht nur wertvolle Inhaltsstoffe verlorengehen, sondern auch schädliche Stoffe entstehen. Nur bei Rohkostqualität können wir sicher sein, dass der Körper die ganze Fülle der enthaltenen Vitalstoffe auch tatsächlich aufnimmt.

EINWEICHEN IST WICHTIG

Auch wenn man dadurch vorausplanen muss, ist es sinnvoll Trockenfrüchte, Nüsse, Kerne und Samen einzuweichen. Denn durch das Einweichen werden die Nahrungsenzyme freigesetzt, die uns entscheidend bei der Aufnahme der Nährstoffe und bei der Verdauung unterstützen. Die Natur ist raffiniert und liefert alles, was wir brauchen, um unseren Körper optimal zu ernähren und gesund zu halten. Wenn in der Natur eine Nuss oder ein Samenkorn auf dem Boden landet, führt die Feuchtigkeit der Erde dazu, dass die Nuss oder der Samen keimt. Dieser Keimvorgang wird von den gleichen Enzymen unterstützt, die im Körper die Verdauung fördern. Die Pflanze entfaltet auf diese Weise erst ihr volles Potenzial.

EIN MUSS: HOCHLEISTUNGSMIXER

Für die Herstellung von perfekten Superfood-Smoothies brauchen Sie auch einen perfekten Mixer. Nur wenn der Mixer über eine gewisse Leistung verfügt, werden die Zellulosewände der Pflanzenzellen optimal aufgebrochen. Ein Gerät, das diese Grundbedingung erfüllt, sollte über einen guten Cutting Power Index (CPI) verfügen. Der CPI gibt das optimale Zusammenspiel von starkem Motor, wirkungsvollem Messer und richtigem Behälterdesign an. Im Internet (www.mixer.wiki.de) finden Sie neben Informationen dazu auch eine Auflistung aller zurzeit auf dem Markt befindlichen Geräte mit dem von neutraler Seite unter standardisierten Bedingungen getesteten CPI. Grundsätzlich gilt: möglichst kurz mit möglichst hoher Drehzahl mixen. Dadurch wird die Zellulose schnell aufgebrochen und eine unnötige Oxidation vermieden, die im Mixbehälter durch den Wirbel oberhalb des Messers entsteht. Fein püriertes Mixgut ist nicht nur gut »vorverdaut«, sondern schmeckt auch besser und sorgt für ein besonders angenehmes Mundgefühl. Und es ist auch ein gutes Gefühl zu wissen: Der Mixer schafft problemlos alles, was die Natur hervorbringt! Besonders im Fall von grünen Superfood-Smoothies können Sie im Hochleistungsmixer alle essbaren Schalen, Kerne, Strünke und Stiele verwenden. Denn im Gegensatz zur Saft-Herstellung bleibt bei der Smoothie-Herstellung nur wenig »Abfall« übrig und umso mehr Freude über eine nachhaltige Ernährungsweise.

UMGANG MIT EINWEICHWASSER

Bei eingeweichten Nüssen, Kernen und Samen sollte das Einweichwasser weggeschüttet werden, weil es die ausgewaschenen Enzymblocker enthält. Bei eingeweichten Trockenfrüchten hingegen wird das Einweichwasser mitverwendet, weil in ihm die aktivierten Nahrungsenzyme gelöst sind.

CHLOROPHYLL

WUNDERMITTEL FÜR DIE GESUNDHEIT

Der grüne Superfood-Smoothie ist etwas Besonderes: Er enthält neben vielen anderen wertvollen Inhaltsstoffen eine hochwertige Spezialität – die grünen Blätter. Seit seiner Erfindung durch Viktoria Boutenko im Jahr 2004 breitet sich der grüne Smoothie über den Erdball aus und wird zu einem Symbol für gesunde Ernährung, die sozio-ökologische Strukturen schont und die besten Nahrungsinhaltsstoffe praktisch kostenlos für jeden Menschen zugänglich machen will. Die besten Inhaltsstoffe, mit denen grüne Blätter vollgepackt sind, werden angeführt von einem Stoff, den man tatsächlich als Wundermittel bezeichnen kann und der ausschließlich in grünen Blättern vorhanden ist: dem Chlorophyll.

SCHNELLE WUNDHEILUNG

Erstmals gelangte Chlorophyll in den 50er-Jahren in die Aufmerksamkeit einer breiten Öffentlichkeit, als entdeckt wurde, dass es desinfizierende und desodorierende Eigenschaften hat. Man hatte festgestellt, dass schlecht heilende Wunden durch die Behandlung mit Chlorophyll rasch abheilten. Aufgrund der desodorierenden Wirkung von Chlorophyll boomte damals die Kosmetikindustrie mit Artikeln wie chlorophyllgetränkten Haarbändern, Deodorants und Zahnpasten.

EINGEFANGENES SONNENLICHT

Der deutsche Chemiker Richard Martin Willstätter erhielt im Jahr 1915 den Nobelpreis für seine Entdeckung, dass Chlorophyll aus toter Materie lebendige erzeugen kann. Er zeigte, dass Chlorophyll eine entscheidende Rolle bei der sogenannten Fotosynthese spielt, in der es die Energie des eingestrahlten Sonnenlichts bindet und damit aus Wasser und Kohlendioxyd organische Kohlenhydratmoleküle aufbaut. Chlorophyll steht somit als entscheidender Stoff am Anfang jeden Lebens auf unserer Erde.

Heute weiß man, dass Chlorophyll am menschlichen Körper auf vielfältige Weise heilsam wirkt. Chemisch gesehen ist Chlorophyll dem menschlichen Blutfarbstoff sehr ähnlich. Es unterscheidet sich von diesem lediglich durch das Zentralatom: Das Blut wird durch den Blutfarbstoff Eisen rot gefärbt, das Chlorophyll in den Blättern einer Pflanze bekommt die grüne Farbe durch

Magnesium. Untersuchungen haben gezeigt, dass Chlorophyll durch diese Verwandtschaft eine wichtige Rolle in der Blutbildung bei pflanzenfressenden Tieren und beim Menschen spielt. Chlorophyll hat einen blut- und zellreinigenden Effekt, da es in der Lage ist, bei der Bindung und Ausscheidung giftiger Stoffe aus dem Körper zu helfen. Es hemmt entzündliche Prozesse und hilft schädliche Mikroorganismen wie Bakterien, Pilze und Viren im Körper unschädlich zu machen. Chlorophyll unterstützt die Nervenzellen in ihren Funktionen und wirkt in Zusammenhang mit seinem hohen Magnesiumanteil in allen Körperzellen stressreduzierend und energetisierend. Neue Forschungen haben ergeben, dass Chlorophyll auf Krebs einen heilenden Einfluss hat und bei bestimmten Darmkrebsformen sogar deutlich stärker wirksam ist als herkömmliche Zytostatika.

POSITIVER EFFEKT AUF DIE GESUNDHEIT

Die in Amerika tätige Ernährungs- und Gesundheitsberaterin und Rohkost-Pionierin Dr. Ann Wigmore hat sich im 20. Jahrhundert in der Naturheilkunde durch ihre Experimente mit extrem chlorophyllhaltigen Getreidegrassäften, wie etwa dem Weizengrassaft, einen großen Namen gemacht, und konnte damit sogar ihr eigenes Krebsleiden heilen.

Man vermutet noch viele weitere positive Effekte von Chlorophyll auf die Gesundheit, zu denen jedoch noch größere medizinische Studien fehlen. Durch das zunehmende Interesse an pflanzlicher Ernährung ist anzunehmen, dass die wissenschaftliche Forschung in Zukunft auch in größerem Stil die bedeutsamen Eigenschaften von Chlorophyll untermauern wird. Für den Smoothie-Fan bedeutet das: immer wieder reichlich Grünzeug in den Mixer!

EIN WORT ZUR OXALSÄURE

Oxalsäure verbindet sich in vielen pflanzlichen Lebensmitteln mit Kalzium, Eisen und Magnesium zu Oxalat. Der Körper kann dann die drei Mineralstoffe zum Großteil nicht mehr aufnehmen. Stark oxalathaltig sind Schnittlauch, Petersilie, Portulak, Sauerampfer, Spinat und Mangold. Das bedeutet jedoch nicht, dass derartige Pflanzen nicht im Smoothie verwendet werden sollten, denn sie enthalten viele andere wertvolle Stoffe, die vom Körper sehr gut aufgenommen werden können.

FITNESS-SMOOTHIE

MIT CHIA, HANF UND SPINAT

AUFBAUEND

FÜR 6 PERSONEN (CA. 1,5 L)
ZUBEREITUNGSZEIT: 15 MIN. +
2 STD. EINWEICHEN
PRO PORTION: CA. 115 KCAL,
3 G EW, 2 G F, 18 G KH

50 g getrocknete Mangostücke

50 g getrocknete Maulbeeren

1 EL Chiasamen (siehe S. 60)

2 EL ungeschälte Hanfsamen
(siehe S. 60)

380 ml Wasser (insgesamt zum
Einweichen)

2 kleine Äpfel

1 Banane

½ Zitrone

2 mittelgroße Mangoldblätter

150 g Spinat

ca. 500 ml Wasser (zum Mixen)

1 Für die Dekoration jeweils 6 getrocknete Mangostücke und Maulbeeren beiseitelegen. Die restlichen Mangostücke und Maulbeeren in jeweils 100 ml Wasser, die Chiasamen in 80 ml Wasser und die Hanfsamen in 100 ml Wasser 2 Std. einweichen.

2 Die Äpfel waschen und vierteln. Dabei jeweils Stiel und Blütenansatz entfernen, das Kerngehäuse belassen. Die Banane schälen und in Stücke schneiden. Die Zitrone schälen und mit Äpfeln und Banane in den Mixer geben. Mangostücke, Maulbeeren und Chiasamen jeweils mitsamt dem Einweichwasser dazugeben. Die Hanfsamen in ein Sieb abgießen, abtropfen lassen und ebenfalls in den Mixer füllen.

3 Die Mangoldblätter sowie den Spinat waschen und abtropfen lassen, vom Mangold die Stiele entfernen. Mangoldgrün und Spinat in den Mixer geben. 500 ml Wasser hinzufügen.

4 Den Mixer kurz auf kleinster Stufe starten, dann alles auf höchster Stufe pürieren, bis ein cremiger Smoothie entstanden ist und auch die Schalen der Hanfsamen vollständig zerkleinert sind. Die Konsistenz prüfen. Nach Belieben noch etwas Wasser dazugeben und erneut kurz mixen.

5 Smoothie in Gläser füllen und jeweils mit einem Mangostück sowie einer Maulbeere dekorieren. Frisch servieren und gut gelaunt genießen.

SUPERFOOD-TIPP

Die Schalen der Hanfsamen können auch nach dem Einweichen noch relativ hart sein. Deshalb müssen Sie eventuell etwas länger mixen, bis diese vollständig zerkleinert sind.

VITALSTOFF-ERWACHEN

MIT BLÄTTERN, KURKUMA UND PEKANNÜSSEN

FÜR 6 PERSONEN (CA. 1,2 L)
ZUBEREITUNGSZEIT: 10 MIN. +
12 STD. EINWEICHEN
PRO PORTION: CA. 150 KCAL,
3 G EW, 12 G F, 8 G KH

4 getrocknete Datteln (entsteint)

100 g Pekannüsse

200 ml Wasser (insgesamt zum Einweichen)

2 Orangen

1 kleine Kurkumawurzel (ca. 10 g) /
alternativ: 1 TL Kurkumapulver

18 junge Lindenblätter

15 junge Buchenblätter

15 junge Stachelbeerblätter

ca. 200 ml Wasser (zum Mixen)

1 Die Datteln und Pekannüsse in jeweils 100 ml Wasser 12 Std. einweichen, am besten über Nacht.

2 Die Orangen schälen und in Stücke schneiden. Die Kurkumawurzel waschen und in Stücke schneiden. Linden-, Buchen- und Stachelbeerblätter waschen und abtropfen lassen, 6 große Lindenblätter als Untersetzer für die Gläser beiseitelegen. Alle restlichen Blätter mit Orange und Kurkuma in den Mixer geben.

3 Die Datteln mitsamt dem Einweichwasser ebenfalls in den Mixer geben. Die Pekannüsse in ein Sieb abgießen und ohne das Einweichwasser dazugeben. 200 ml Wasser hinzufügen.

4 Den Mixer auf kleinster Stufe starten, dann alles auf höchster Stufe pürieren, bis ein cremiger Smoothie entstanden ist. Die Konsistenz prüfen. Nach Belieben noch etwas Wasser dazugeben und erneut kurz mixen.

5 Den Smoothie in Gläser füllen und zum Servieren jeweils auf 1 großes Lindenblatt stellen. Frisch und gut gelaunt genießen.

SUPERFOOD-TIPP

Verwenden Sie besonders im Frühjahr oft die jungen Baumblätter in Ihrem Superfood-Smoothie. Diese verfügen – wie alle Bäume – über eine stärkende und erdende Energie.

ROT UND GRÜN

MIT EICHBLATT, MANGOLD UND PETERSILIE

REINIGEND | SCHÜTZEND

FÜR 6 PERSONEN (CA. 1,5 L)
ZUBEREITUNGSZEIT: 10 MIN. +
2 STD. EINWEICHEN
PRO PORTION: CA. 85 KCAL,
2 G EW, 2 G F, 13 G KH

3 EL Chiasamen (siehe S. 60)

240 ml Wasser (zum Einweichen)

2 Bananen

2 Äpfel

200 g Rote Johannisbeeren

100 g Eichblattsalatblätter

50 g Petersilie

3 große Mangoldblätter

ca. 500 ml Wasser (zum Mixen)

Birkensüß (Xylitol; nach Belieben)

1 Die Chiasamen in 240 ml Wasser 2 Std. einweichen.

2 Die Bananen schälen und in Stücke schneiden. Die Äpfel waschen und vierteln. Dabei jeweils Stiel und Blütenansatz entfernen, das Kerngehäuse belassen. Die Johannisbeeren waschen, abtropfen lassen und an den Rispen belassen.

3 Eichblattsalat, Petersilie sowie Mangold waschen und abtropfen lassen, vom Mangold die Stiele entfernen. Alles in den Mixer geben.

4 Chiasamen mitsamt dem Einweichwasser, Bananen und Äpfel dazugeben. Für die Dekoration 6 Johannisbeerrispen beiseitelegen, die restlichen Johannisbeeren in den Mixer geben. 500 ml Wasser hinzufügen.

5 Den Mixer kurz auf kleinster Stufe starten, dann alles auf höchster Stufe pürieren, bis ein cremiger Smoothie entstanden ist und auch die kleinen Kerne der Johannisbeeren vollständig zerkleinert sind. Konsistenz und Geschmack prüfen. Nach Belieben noch etwas Wasser dazugeben, mit Birkensüß abschmecken und erneut kurz mixen.

6 Den Smoothie in Gläser füllen. Die beiseitegelegten Johannisbeerrispen als Dekoration an den Glasrand hängen. Frisch und gut gelaunt genießen.

SUPERFOOD-TIPP

Chiasamen sind geschmacksneutrale Vitalstoffbomben und können die vielfache Menge Wasser ihres Eigengewichtes aufnehmen – die Samen sollten am besten mit der achtfachen Menge Wasser eingeweicht werden. Diese Vorteile kann man nutzen, um den Smoothie auf eine gesunde Art cremiger zu machen.

TOMATE MIT PFIFF

MIT AVOCADO, BASILIKUM UND PFEFFER

AUFBAUEND | SCHÜTZEND

FÜR 3 PERSONEN (CA. 600 ML)
ZUBEREITUNGSZEIT: 10 MIN.
PRO PORTION: CA. 40 KCAL,
1 G EW, 3 G F, 3 G KH

250 g rote Tomaten

¼ Avocado

1 kleine Frühlingszwiebel
(mit Grün)

10 Basilikumblätter

1 Spritzer Zitronensaft

1 Prise Himalaya-Kristallsalz
(siehe S. 53)

1 Prise rosa Pfeffer

ca. 250 ml Wasser

1 Die Tomaten waschen und vierteln, dabei den Stielansatz entfernen. Aus dem Avocadoviertel das Fruchtfleisch mit einem Löffel aus der Schale herauslösen. Die Frühlingszwiebel waschen und in grobe Stücke schneiden. Die Basilikumblätter waschen und trocken schütteln.

2 Für die Dekoration 3 Basilikumblätter beiseitelegen, die restlichen Blätter mit Tomaten, Avocadofruchtfleisch und Frühlingszwiebel in den Mixer geben. Zitronensaft, Salz und Pfeffer dazugeben. 250 ml Wasser hinzufügen.

3 Den Mixer kurz auf kleinster Stufe starten, dann alles auf höchster Stufe pürieren, bis ein cremiger Smoothie entstanden ist. Konsistenz und Geschmack prüfen. Nach Belieben noch etwas Wasser dazugeben, nochmals mit Zitronensaft, Salz sowie rosa Pfeffer abschmecken und erneut kurz mixen.

4 Smoothie in Gläser füllen und mit den beiseitegelegten Basilikumblättern dekorieren. Frisch und gut gelaunt servieren.

SMOOTHIE-TIPP

Wer nicht nur süße Smoothies mag, sondern auch die pikanten Varianten liebt, hat einen Vorteil: Er nimmt weniger Fruktose zu sich – und das wirkt sich günstig auf den Stoffwechsel aus.

LUST AUF GRÜNE LUST

MIT GRÜNEN BLÄTTERN, SPROSSEN UND MORINGA

AUFBAUEND | SCHÜTZEND

*FÜR 6 PERSONEN (CA. 1,2 L)
ZUBEREITUNGSZEIT: 15 MIN. +
2 STD. EINWEICHEN
PRO PORTION: CA. 45 KCAL,
1 G EW, 0 G F, 9 G KH*

2 getrocknete Feigen

2 getrocknete Datteln (entsteint)

150 ml Wasser (insgesamt zum Einweichen)

160 g Aprikosen (frisch oder tiefgefroren)

1 kleine Banane

20 g Mangoldblätter

10 g Staudensellerieblätter

60 g Romanasalatblätter

15 g Rote-Bete-Blätter

5 g Petersilie

5 g Alfalfasprossen

15 g Radieschensprossen

1 EL Moringa-Pulver (siehe S. 99)

ca. 500 ml Wasser (zum Mixen)

1 Die Feigen und die Datteln in jeweils 75 ml Wasser 2 Std. einweichen.

2 Frische Aprikosen waschen, halbieren und entsteinen (tiefgefrorene Aprikosen müssen nicht aufgetaut werden). Die Banane schälen und in Stücke schneiden. Grünes Blattgemüse sowie Petersilie waschen und abtropfen lassen, vom Mangold die Stiele entfernen. Die Alfalfa- und Radieschensprossen waschen und abtropfen lassen.

3 Vorbereitete Früchte, grünes Blattgemüse und Petersilie in den Mixer geben. Die Datteln und die Feigen jeweils mitsamt dem Einweichwasser hinzufügen. Eine kleine Handvoll Alfalfasprossen für die Dekoration beiseitelegen. Die restlichen Alfalfasprossen mit den Radieschensprossen und dem Moringa-Pulver ebenfalls in den Mixer geben. 500 ml Wasser hinzufügen.

4 Den Mixer kurz auf kleinster Stufe starten, dann alles auf höchster Stufe pürieren, bis ein cremiger Smoothie entstanden ist. Die Konsistenz prüfen. Nach Belieben noch etwas Wasser dazugeben und erneut kurz mixen.

5 Smoothie in Gläser füllen und die Oberfläche sowie den Glasrand mit den beiseitegelegten Alfalfasprossen dekorieren. Frisch und gut gelaunt servieren.

SMOOTHIE-TIPP

Grünes Blattgemüse ist im Smoothie immer ein Highlight. Die angegebenen Gemüsesorten können ohne weiteres auch durch andere Blättersorten ersetzt oder ergänzt werden. Man sollte die grünen Blätter immer wieder rotieren, um nicht zu große Mengen von einzelnen Inhaltsstoffen, etwa Oxalsäure oder schwefelhaltigen Phytonährstoffen, aufzunehmen.

KOHL ROCKS

MIT BIRNE, WEIZENGRAS, CHIA UND ACAIBEEREN

SCHÜTZEND | REINIGEND

*FÜR 7 PERSONEN (CA. 1,4 L)
ZUBEREITUNGSZEIT: 10 MIN. +
2 STD. EINWEICHEN
PRO PORTION: CA. 85 KCAL,
3 G EW, 2 G F, 12 G KH*

3 EL Chiasamen (siehe S. 60)

250 ml Wasser (zum Einweichen)

3 reife Birnen

1 kleine Banane

60 g Schwarzkohlblätter

35 g Grünkohlblätter

60 g Chinakohlblätter

½ kleine Zitrone

1½ EL Weizengras-Pulver

1 TL Acai-Pulver (siehe S. 18)

250 ml Rote-Bete-Saft (am besten frisch gepresst)

ca. 250 ml Wasser (zum Mixen)

1 Die Chiasamen in 250 ml Wasser 2 Std. einweichen.

2 Die Birnen waschen und vierteln. Dabei Stiel und Blütenansatz entfernen, das Kerngehäuse belassen. Die Banane schälen und in Stücke schneiden. Für die Dekoration einige kleine Schwarz- oder Grünkohlblätter beiseitelegen. Alle restlichen Kohlblätter waschen, abtropfen lassen und mehrmals durchschneiden. Die Zitrone schälen.

3 Chiasamen mitsamt dem Einweichwasser, Birnenstücke, geschnittene Kohlblätter, Zitronenfruchtfleisch, Weizengras-Pulver und Acai-Pulver in den Mixer geben. Rote-Bete-Saft und 250 ml Wasser hinzufügen.

4 Den Mixer kurz auf kleinster Stufe starten, dann alles auf höchster Stufe pürieren, bis ein cremiger Smoothie entstanden ist. Die Konsistenz prüfen. Nach Belieben noch etwas Wasser dazugeben und erneut kurz mixen.

5 Smoothie in Gläser füllen und mit den beiseitegelegten Schwarzkohlblättern dekorieren. Frisch und gut gelaunt servieren.

SUPERFOOD-INFO

Die verschiedenen Kohlsorten gehören zu den hochwertigsten Superfoods. Da sie einen starken Schutz vor Krebserkrankungen bieten, sollten sie immer wieder in unterschiedlichen Kombinationen verwendet werden.

MONDLICHT HINTER BLÄTTERN

MIT KRÄUTERN, HEIDELBEEREN UND ALOE VERA

SCHÜTZEND | REINIGEND

*FÜR 6 PERSONEN (CA. 1,2 L)
ZUBEREITUNGSZEIT: 10 MIN. +
2 STD. EINWEICHEN
PRO PORTION: CA. 45 KCAL,
1 G EW, 1 G F, 14 G KH*

5 große getrocknete Datteln
(entsteint)

150 ml Wasser (zum Einweichen)

100 g Heidelbeeren (frisch oder
tiefgefroren)

3 reife Kiwis

½ Zitrone

1 große Handvoll gemischte Wild-
kräuter (z. B. Giersch, Vogelmiere,
Löwenzahn, Kresse und
Spitzwegerich)

7 Heckenrosenblüten

1 Stück Aloe-vera-Blatt
(3 cm lang; siehe S. 96)

ca. 500 ml Wasser (zum Mixen)

evtl. Birkensüß (Xylitol) oder
Kokosblütenzucker zum Süßen /
*alternative Süßungsmittel
siehe S. 95*

Für die Dekoration:

12 Heckenrosenblütenblätter

6 Wildkräuterblätter

1 Die Datteln in 150 ml Wasser 2 Std. einweichen.

2 Frische Heidelbeeren verlesen, waschen und abtropfen lassen (tiefgefrorene Beeren müssen nicht aufgetaut
werden). Die Kiwis schälen und in Stücke schneiden.
Die Zitronenhälfte auspressen.

3 Die Wildkräuter waschen und abtropfen lassen. Das
Aloe-vera-Blatt schälen und das innere, gelartige Filet
herausnehmen.

4 Die Datteln mitsamt dem Einweichwasser in den
Mixer geben. Beeren, Kiwis, Zitronensaft, Kräuter, Ro-
senblüten und Aloe-vera-Gel dazugeben. 500 ml Wasser hinzufügen.

5 Den Mixer kurz auf kleinster Stufe starten, dann
alles auf höchster Stufe pürieren, bis ein cremiger
Smoothie entstanden ist. Die Konsistenz prüfen. Nach
Belieben noch etwas Wasser dazugeben und erneut
kurz mixen. Falls erforderlich, mit Birkensüß oder
Kokosblütenzucker nachsüßen.

6 Den Smoothie in Gläser füllen und pro Glas mit 1
Wildkräuterblättchen und 2 Heckenrosenblütenblät-
tern dekorieren. Frisch und gut gelaunt genießen.

SUPERFOOD-TIPP

*Bitte sammeln Sie Ihre Wildkräuter nur an unbelasteten
Plätzen, insbesondere nicht an Straßen und auf oder an
den Rändern gedüngter Felder.*

IL SOLE VERDE

REINIGEND | SCHÜTZEND

FÜR 4 PERSONEN (CA. 1 L)
ZUBEREITUNGSZEIT: 10 MIN.
PRO PORTION: CA. 90 KCAL,
2 G EW, 7 G F, 3 G KH

½ Avocado

½ Zitrone

1 kleine Salatgurke (ca. 150 g)

100 g Bataviasalatblätter

20 g Petersilie

20 g Knollensellerieblätter

1 EL Weizengras-Pulver

ca. 500 ml Wasser

1 Aus der Avocadohälfte das Fruchtfleisch mit einem Löffel aus der Schale herauslösen. Die Zitronenhälfte schälen, dabei jedoch ein kleines Stück Schale am Fruchtfleisch belassen.

2 Die Gurke waschen und in grobe Stücke schneiden. Bataviasalat, Petersilie und Sellerieblätter waschen und abtropfen lassen, Salatblätter grob zerkleinern. Für die Dekoration einige Petersilienblättchen beiseitelegen. Die restliche Petersilie mit Avocado, Zitrone, Gurke, Salat und Selleriegrün in den Mixer geben.

3 Das Weizengras-Pulver und 500 ml Wasser ebenfalls in den Mixer geben. Den Mixer kurz auf kleinster Stufe starten, dann alles auf höchster Stufe pürieren, bis ein cremiger Smoothie entstanden ist. Die Konsistenz prüfen. Nach Belieben noch etwas Wasser dazugeben und erneut kurz mixen.

4 Smoothie in Gläser füllen und mit den beiseitegelegten Petersilienblättchen dekorieren. Frisch und gut gelaunt servieren.

SMOOTHIE-TIPP

Pikante Smoothies mit wenig Fruktose beruhigen die Bauchspeicheldrüse und schonen die Ressourcen des Körpers. Ein idealer Snack, den man mit ins Büro nehmen und immer wieder in kleineren Mengen genießen kann.

WELLNESS-SMOOTHIE

MIT BLÄTTERN UND GÄNSE-BLÜMCHEN

AUFBAUEND | BERUHIGEND

FÜR 4 PERSONEN (CA. 1 L)
ZUBEREITUNGSZEIT: 15 MIN. +
2 STD. EINWEICHEN
PRO PORTION: CA. 75 KCAL,
1 G EW, 1 G F, 16 G KH

5 getrocknete Datteln (entsteint)

100 ml Wasser (zum Einweichen)

1 Apfel

1 Banane

¼ Zitrone

80 g Erdbeeren (frisch oder tiefgefroren)

40 g Himbeeren (frisch oder tiefgefroren)

50 g Kohlrabiblätter

100 g Malvenblätter (siehe Superfood-Info)

20 Gänseblümchen

ca. 400 ml Wasser (zum Mixen)

1 Die Datteln in 100 ml Wasser 2 Std. einweichen.

2 Den Apfel waschen und vierteln. Dabei Stiel und Blütenansatz entfernen, das Kerngehäuse belassen. Die Banane und das Zitronenviertel schälen, das Fruchtfleisch jeweils klein schneiden. Frische Erd- und Himbeeren waschen und abtropfen lassen, von den Erdbeeren die grünen Blattansätze entfernen (tiefgefrorene Erd- und Himbeeren müssen nicht aufgetaut werden). Die Kohlrabi- und Malvenblätter sowie die Gänseblümchen waschen und abtropfen lassen.

3 Für die Dekoration einige Himbeeren und Gänseblümchen beiseitelegen. Die restlichen vorbereiteten Zutaten und die Datteln mitsamt dem Einweichwasser in den Mixer geben. 400 ml Wasser hinzufügen.

4 Den Mixer auf kleinster Stufe starten, dann alles auf höchster Stufe pürieren, bis ein cremiger Smoothie entstanden ist. Die Konsistenz prüfen. Nach Belieben noch etwas Wasser dazugeben und erneut kurz mixen.

5 Smoothie in Gläser füllen und mit den beiseitegelegten Himbeeren und Gänseblümchen dekorieren. Frisch und gut gelaunt servieren.

SUPERFOOD-INFO

Malvenblätter enthalten wertvolle Schleimstoffe, die reizmildernd und schützend auf die Schleimhäute wirken. Auch bei trockenem Husten lindern sie die Beschwerden. Sie können in großer Menge verwendet werden. Malvenblätter erhalten Sie in der Apotheke.

GEGEN ERKÄLTUNG

MIT GRÜNKOHL, KRESSE UND INGWER

SCHÜTZEND | REINIGEND

FÜR 3 PERSONEN (CA. 900 ML)
ZUBEREITUNGSZEIT: 10 MIN.
PRO PORTION: CA. 100 KCAL,
2 G EW, 2 G F, 18 G KH

½ Ananas

½ Zitrone

50 g Kopfsalatblätter

40 g Grünkohlblätter / *alternativ:*
Schwarzkohl

15 g Kresse (Garten-, Kapuziner-
oder Brunnenkresse)

1 Stück Ingwer (1 cm lang)

ca. 400 ml Wasser

1 Die Ananashälfte schälen und das Fruchtfleisch mitsamt dem Strunk in kleinere Stücke schneiden. Die Zitronenhälfte auspressen und mit den Ananasstücken in den Mixer geben.

2 Kopfsalat, Grünkohl, Kresse und Ingwer waschen und abtropfen lassen. Für die Dekoration etwas Kresse beiseitelegen. Die restliche Kresse mit Kopfsalat, Grünkohl und Ingwer zur Ananas in den Mixer geben. 400 ml Wasser hinzufügen.

3 Den Mixer auf kleinster Stufe starten, dann alles auf höchster Stufe pürieren, bis ein cremiger Smoothie entstanden ist. Die Konsistenz prüfen. Nach Belieben noch etwas Wasser dazugeben und erneut kurz mixen.

4 Smoothie in Gläser füllen und mit der beiseitegelegten Kresse bestreuen. Frisch und gut gelaunt servieren.

SUPERFOOD-INFO

In Grippezeiten ist Vitamin C besonders wichtig. Fast alle grünen Blätter enthalten dieses schützende Vitamin, weshalb Sie damit großzügig umgehen sollten. Alle Kressearten enthalten viel Vitamin C. Sie wirken blutreinigend, stoffwechselanregend und helfen bei Frühjahrsmüdigkeit. Speziell Kapuzinerkresse kann die Vermehrung von Bakterien und Viren verhindern.

ENTGIFTEN FÜR JEDERMANN

MIT ALOE VERA, GRANATAPFEL UND GIERSCH

REINIGEND | SCHÜTZEND

FÜR 3 PERSONEN (CA. 900 ML)
ZUBEREITUNGSZEIT: 10 MIN.
PRO PORTION: CA. 235 KCAL,
3 G EW, 1 G F, 54 G KH

1 Grapefruit

1 Granatapfel

1 Stück Aloe-vera-Blatt
(4 cm lang; siehe S. 96)

80 g Giersch

30 g Petersilie

ca. 500 ml Wasser

1 Die Grapefruit schälen und in Stücke schneiden. Den Granatapfel halbieren, mit der Schnittfläche nach unten über eine große Schüssel halten und mit einem Kochlöffel die Kerne in die Schüssel klopfen. Für die Dekoration einige Kerne beiseitelegen, die restlichen Kerne mit der Grapefruit in den Mixer geben.

2 Das Aloe-vera-Blatt schälen und das innere, gelartige Filet herausnehmen. Den Giersch und die Petersilie waschen, abtropfen lassen und klein schneiden. Aloe-vera-Gel, Giersch und Petersilie in den Mixer geben. 500 ml Wasser hinzufügen.

3 Den Mixer auf kleinster Stufe starten, dann alles auf höchster Stufe pürieren, bis ein cremiger Smoothie entstanden ist. Die Konsistenz prüfen. Nach Belieben noch etwas Wasser dazugeben und erneut kurz mixen.

4 Smoothie in Gläser füllen und mit den beiseitegelegten Granatapfelkernen dekorieren. Frisch und gut gelaunt servieren.

SUPERFOOD-INFO

Giersch wirkt entwässernd, harntreibend und beruhigend. Er regt den Stoffwechsel an und hilft gegen Übergewicht und Verdauungsschwäche.

PULVER-POWER

MIT CASHEWS, MORINGA UND GERSTENGRAS

AUFBAUEND | SCHÜTZEND | BERUHIGEND

FÜR 6 PERSONEN (CA. 1,2 L)
ZUBEREITUNGSZEIT: 10 MIN. +
12 STD. EINWEICHEN
PRO PORTION: CA. 200 KCAL,
4 G EW, 5 G F, 35 G KH

1 Handvoll Cashewkerne (ca. 50 g)

150 g getrocknete Ananas

100 g getrocknete Gojibeeren (siehe S. 18)

350 ml Wasser (insgesamt zum Einweichen)

1 Banane

2 TL Moringa-Pulver (siehe S. 99)

2 TL Gerstengras-Pulver

ca. 400 ml Wasser (zum Mixen)

1 Die Cashewkerne in 100 ml Wasser 12 Std. einweichen, am besten über Nacht. Die getrocknete Ananas in 150 ml Wasser und die Gojibeeren in 100 ml Wasser 2 Std. einweichen.

2 Die Banane schälen, in Stücke schneiden und in den Mixer geben. Cashewkerne, Ananas und Gojibeeren jeweils mitsamt dem Einweichwasser sowie das Moringa-Pulver und das Gerstengras-Pulver dazugeben. 400 ml Wasser hinzufügen.

3 Den Mixer auf kleinster Stufe starten, dann alles auf höchster Stufe pürieren, bis ein cremiger Smoothie entstanden ist. Die Konsistenz prüfen. Nach Belieben noch etwas Wasser dazugeben und erneut kurz mixen.

4 Smoothie in Gläser füllen und sich sofort einen frischen Energieschub verpassen.

SUPERFOOD-INFO

Pulverisierte Superfoods werden in der Regel gefriergetrocknet und dann zu Pulver vermahlen. Dadurch sind sie länger haltbar und die meisten Inhaltsstoffe bleiben erhalten. Der Nachteil dieses Verfahrens: Es ist teuer und energieaufwändig. Deshalb sollten Sie nur dann gefriergetrocknete Superfoods verwenden, wenn es keine frische Alternative gibt.

SPRING DETOX

FÜR 6 PERSONEN (CA. 1,2 L)
ZUBEREITUNGSZEIT: 10 MIN.
PRO PORTION: CA. 50 KCAL,
2 G EW, 1 G F, 9 G KH

2 Äpfel

¼ Zitrone

150 g Weintrauben

140 g Brennnesselblätter

80 g Romanasalatblätter

ca. 500 ml Wasser

1 Die Äpfel waschen und vierteln. Dabei jeweils Stiel und Blütenansatz entfernen, das Kerngehäuse belassen. Die Zitrone schälen. Die Weintrauben waschen und von den Stielen zupfen, für die Dekoration nach Belieben einige Weintrauben beiseitelegen. Die restlichen Trauben mit Äpfeln und Zitronenfruchtfleisch in den Mixer geben.

2 Die Brennnesselblätter sowie den Romanasalat waschen, abtropfen lassen und ebenfalls in den Mixer geben. 500 ml Wasser hinzufügen.

3 Den Mixer auf kleinster Stufe starten, dann alles auf höchster Stufe pürieren, bis ein cremiger Smoothie entstanden ist. Die Konsistenz prüfen. Nach Belieben noch etwas Wasser dazugeben und erneut kurz mixen.

4 Smoothie in Gläser füllen. Nach Belieben die beiseitegelegten Weintrauben bis zur Hälfte einschneiden und auf die Glasränder stecken. Frisch und gut gelaunt genießen.

SMOOTHIE-TIPP

Detoxen wird vor allem im Frühjahr empfohlen. Nehmen Sie sich einige Tage Zeit, an denen Sie auf gekochte Nahrung und Genussmittel wie Alkohol, Zucker und Zigaretten verzichten. Bereiten Sie stattdessen nach Lust und Laune mehrmals täglich einen Superfood-Smoothie zu, der vor allem viele grüne Blätter enthält.

SPRING DETOX II

REINIGEND | SCHÜTZEND

FÜR 4 PERSONEN (CA. 900 ML)
ZUBEREITUNGSZEIT: 10 MIN. +
12 STD. EINWEICHEN
PRO PORTION: CA. 50 KCAL,
3 G EW, 2 G F, 4 G KH

2 EL Leinsamen

100 ml Wasser (zum Einweichen)

50 g Löwenzahnblätter

60 g Romanasalatblätter

50 g Staudensellerie (mit Blättern)

20 Basilikumblätter

3 Tomaten

5 Knoblauchzehen

1 Prise Himalaya-Kristallsalz
(siehe S. 53)

ca. 500 ml Wasser (zum Mixen)

1 Die Leinsamen in 100 ml Wasser 12 Std. einweichen, am besten über Nacht.

2 Löwenzahn, Romanasalat, Staudensellerie sowie Basilikum waschen, abtropfen lassen und klein schneiden. Die Tomaten waschen und in Stücke schneiden, dabei jeweils den Stielansatz entfernen. Die Knoblauchzehen schälen. Für die Dekoration nach Belieben 2 Knoblauchzehen hacken und zusammen mit 4 Basilikumblättern beiseitelegen. Restliche Zehen mit den übrigen vorbereiteten Zutaten in den Mixer geben.

3 Salz, Leinsamen mitsamt dem Einweichwasser sowie 500 ml Wasser hinzufügen. Den Mixer auf kleinster Stufe starten, dann alles auf höchster Stufe pürieren, bis ein cremiger Smoothie entstanden ist. Die Konsistenz prüfen. Nach Belieben noch etwas Wasser dazugeben und erneut kurz mixen.

4 Smoothie in Gläser füllen und nach Belieben mit Basilikumblättern sowie dem gehackten Knoblauch dekorieren. Frisch und gut gelaunt genießen.

SUPERFOOD-INFO

Die Inhaltsstoffe des Knoblauchs wirken antimikrobiell, entzündungshemmend und antioxidativ. Der regelmäßige Verzehr von Knoblauch schützt vor Thrombosen, Schlaganfällen, Herzinfarkten und anderen Herz-Kreislauf-Erkrankungen.

YOGA AM MORGEN

MIT CASHEW, MACA, MATCHA UND MINZE

AUFBAUEND

FÜR 6 PERSONEN (CA. 1,2 L)
ZUBEREITUNGSZEIT: 15 MIN. +
12 STD. EINWEICHEN
PRO PORTION: CA. 90 KCAL,
2 G EW, 3 G F, 16 G KH

2 EL Cashewkerne

3 getrocknete Datteln (entsteint)

2 getrocknete Feigen

350 ml Wasser (insgesamt zum
Einweichen)

2 kleine Mangos

1 Banane

¼ Zitrone

15 Pfefferminzblätter

1 TL Matcha-Grüntee-Pulver
(siehe S. 99)

1 EL Maca-Pulver (siehe S. 99)

ca. 400 ml Wasser (zum Mixen)

Für die Dekoration:

5 Pfefferminzspitzen

1 Die Cashewkerne in 150 ml Wasser 12 Std. einwei-chen, am besten über Nacht. Die Datteln und die Fei-gen in jeweils 100 ml Wasser 2 Std. einweichen.

2 Die Mangos schälen, das Fruchtfleisch jeweils in Stücken vom Stein schneiden. Die Banane schälen und in Stücke schneiden. Das Zitronenviertel waschen. Die Minzblätter waschen, abtropfen lassen und mit den vorbereiteten Früchten in den Mixer geben.

3 Cashewkerne, Datteln und Feigen jeweils mitsamt dem Einweichwasser ebenfalls in den Mixer geben. Das Matcha-Grüntee-Pulver und das Maca-Pulver dazu-geben. 400 ml Wasser hinzufügen.

4 Den Mixer auf kleinster Stufe starten, dann alles auf höchster Stufe pürieren, bis ein cremiger Smoothie ent-standen ist. Die Konsistenz prüfen. Nach Belieben noch etwas Wasser dazugeben und erneut kurz mixen.

5 Für die Dekoration die Minze waschen und trocken schütteln. Smoothie in Gläser füllen und mit Minze dekorieren. Frisch und gut gelaunt genießen.

SMOOTHIE-TIPP

Eine optimale Ernährung ist eine der wichtigsten Säulen für die Gesundheit. Doch auch Bewegung, geistige Reini-gung, gelungene zwischenmenschliche Beziehungen und eine intakte Umwelt dürfen nicht vernachlässigt werden. Nach einer Yogastunde am Morgen ist dieser Smoothie genau die richtige Ergänzung.

NACH DEM TRAINING

MIT HANF, MANGOLD UND SPROSSEN

BERUHIGEND | SCHÜTZEND

FÜR 6 PERSONEN (CA. 1,2 L)
ZUBEREITUNGSZEIT: 10 MIN. +
12 STD. EINWEICHEN
PRO PORTION: CA. 60 KCAL,
2 G EW, 1 G F, 10 G KH

2 EL Hanfsamen (siehe S. 60)

2 EL Rosinen

250 ml Wasser (insgesamt zum
Einweichen)

2 Bananen

½ Zitrone

150 g Stachelbeeren

100 g Vogelmiere / *alternativ:
Kopfsalat*

80 g Mangoldblätter

10 g Brokkolisprossen

ca. 500 ml Wasser (zum Mixen)

1 Die Hanfsamen in 100 ml Wasser 12 Std. einweichen, am besten über Nacht. Die Rosinen in 150 ml Wasser 2 Std. einweichen.

2 Die Bananen schälen und in Stücke schneiden. Die Zitronenhälfte auspressen. Die Stachelbeeren waschen und abtropfen lassen, nach Belieben einige schöne Beeren für die Dekoration beiseitelegen. Die restlichen Stachelbeeren mit den Bananenstücken und dem Zitronensaft in den Mixer geben.

3 Die Vogelmiere sowie die Mangoldblätter waschen und abtropfen lassen, vom Mangold die Stiele entfernen. Beides in den Mixer geben. Einige Brokkolisprossen für die Dekoration beiseitelegen, die restlichen Sprossen in den Mixer geben. Die Hanfsamen und Rosinen jeweils mitsamt dem Einweichwasser dazugeben. 500 ml Wasser hinzufügen.

4 Den Mixer auf kleinster Stufe starten, dann alles auf höchster Stufe pürieren, bis ein cremiger Smoothie entstanden ist. Konsistenz und Geschmack prüfen, nach Belieben noch etwas Wasser und Zitronensaft hinzufügen und erneut kurz mixen.

5 Den Smoothie in Gläser füllen und nach Belieben mit den beiseitegelegten Stachelbeeren sowie den Sprossen dekorieren. Frisch und entspannt genießen.

SUPERFOOD-INFO

*Hanfsamen enthalten wertvolle Proteine,
die den Muskelaufbau fördern, die Zellen entgiften
und die Nieren schützen.*

HAPPY SUPPENKASPER

MIT GIERSCH, SCHAFGARBE UND WILDEM WEIN

SCHÜTZEND

FÜR 4 PERSONEN (CA. 800 ML)
ZUBEREITUNGSZEIT: 10 MIN. +
12 STD. EINWEICHEN
PRO PORTION: CA. 20 KCAL,
2 G EW, 1 G F, 3 G KH

1 EL Leinsamen

50 ml Wasser (zum Einweichen)

2 große Tomaten

⅓ Salatgurke (ca. 120 g)

125 g Eichblattsalatblätter

50 g wilde Weinblätter

50 g Giersch

50 g Schafgarbe

1 Knoblauchzehe

1 Prise Himalaya-Kristallsalz
(siehe Superfood-Info)

1 Prise Pfeffer

ca. 200 ml Wasser (zum Mixen)

Für die Dekoration:

getrocknete Wildblumen-
Mischung

1 Die Leinsamen in 50 ml Wasser 12 Std. einweichen, am besten über Nacht.

2 Die Tomaten waschen und vierteln, dabei jeweils den Stielansatz entfernen. Die Gurke waschen und in Scheiben schneiden. Eichblattsalat, Weinblätter, Giersch und Schafgarbe waschen, abtropfen lassen und klein schneiden. Die Knoblauchzehe schälen und ebenfalls klein schneiden. Die vorbereiteten Zutaten in den Mixer geben.

3 Die Leinsamen mitsamt dem Einweichwasser, Salz und Pfeffer ebenfalls in den Mixer geben. 200 ml Wasser hinzufügen.

4 Den Mixer auf kleinster Stufe starten, dann alles auf höchster Stufe pürieren, bis ein cremiger Smoothie entstanden ist. Die Konsistenz prüfen. Nach Belieben noch etwas Wasser dazugeben und erneut kurz mixen.

5 Den Smoothie in Schüsselchen verteilen und mit getrockneter Wildblumen-Mischung bestreuen. Als nicht-süße grüne Smoothie-Bowl servieren und mit dem Löffel genießen.

SUPERFOOD-INFO

Himalaya-Kristallsalz ist das Superfood unter den Salzen. Es zeichnet sich durch eine besondere Reinheit und einen hohen Gehalt an Mineralien und Spurenelementen aus: er ist mehr als doppelt so hoch wie bei herkömmlichem Meersalz. Himalaya-Kristallsalz verfügt über einen milden, unverwechselbaren Geschmack und wirkt im Smoothie nicht nur als Würzmittel, sondern auch als Geschmacksverstärker.

NÜSSE UND KERNE

Die Bezeichnung »Nuss« ist oft willkürlich gewählt. Im botanischen Sinne sind Nüsse nur dann »echte Nüsse«, wenn alle drei Schichten der Schale miteinander verholzt sind und in der Regel nur einen einzigen Samenkern umschließen. Zu den echten Nüssen gehören Haselnuss, Marone (Esskastanie), Macadamianuss und die Echte Walnuss. Erdnüsse werden zu den Hülsenfrüchten gezählt, und Paranüsse sind Kapselfrüchte. Mandeln, Pekannuss, Kokosnuss und Pistazien sind die Kerne von Steinfrüchten. Bei diesen ist nur die innere Fruchtwand verholzt. Außen hingegen ist der Kern von einer weichen Hülle umgeben.

Gerade wenn man sich rohköstlich und gesund ernähren will, spielen Nüsse eine wichtige Rolle. Entscheidend ist dabei, dass Sie die Nüsse roh essen. Die Nüsse, die Sie im Supermarkt, Reformhaus und Bioladen kaufen können, sind allesamt wärmebehandelt, um sie haltbar zu machen. Achten Sie daher auf das Rohkost-Zeichen auf der Packung und bestellen Sie Ihre Nüsse am besten beim Rohkostversand (Bezugsadresse siehe S. 141). Oder achten Sie darauf, ob Ihr Bioladen inzwischen ein Rohkostregal eingerichtet hat. Aufgrund der gestiegenen Nachfrage nach naturbelassenen Produkten kommt nämlich immer mehr Bewegung in das Sortiment und Angebot der Läden.

EINWEICHEN IST WICHTIG

Nüsse, Kerne und Samen müssen eingeweicht werden, damit die Enzymblocker ausgewaschen werden. Dies ist auch der Grund, warum wir empfehlen, das Einweichwasser nicht im Smoothie mitzuverwenden. Wenn eine Nuss auf die Erde fällt und sich die Schale öffnet, kommt sie in der Natur mit Feuchtigkeit in Kontakt und beginnt mithilfe der Enzyme zu wachsen. Wasser hebt also die Blockade auf. Darüber hinaus sind eingeweichte Nüsse nicht nur bekömmlicher, sondern lassen sich auch schneller im Mixer fein pürieren. Im übertragenen Sinn regen Nüsse und Kerne auch in unseren Körperzellen das Wachstum an, indem sie uns hochwertiges Eiweiß, Kohlenhydrate und Spurenelemente liefern, die wir brauchen, um im Körper eine physische Struktur aufzubauen. Wir dürfen nicht vergessen, dass Nüsse und Kerne die Samen der Bäume und Sträucher sind, mit deren Hilfe sich die Pflanze fortpflanzt. Im Samen konzentriert sich also die geballte Lebenskraft für die neue Generation. Sie können Nüsse, Kerne und Samen auch in größeren Mengen auf Vorrat einweichen. Trocknen Sie diese, nachdem Sie sie nach dem Einweichen mit frischem Wasser abgespült haben, einfach im Dörrgerät. Auf diese Weise haben Sie immer eingeweichte Nüsse, Kerne und Samen spontan verfügbar und müssen nicht vorausplanen. Die Enzymblocker bilden sich nach dem Einweichen kein zweites Mal.

EINE HANDVOLL SUPERPOWER

Eine Handvoll Nüsse, Kerne oder Samen reicht daher buchstäblich aus, um den Organismus täglich mit vielen wichtigen Nährstoffen zu versorgen, ihn zu stärken und gesund zu erhalten. Sie versorgen den Körper mit Ballaststoffen, wichtigen Mineralstoffen, Vitaminen und den leicht verdaulichen einfach und mehrfach ungesättigten Fettsäuren. Ein regelmäßiger, maßvoller Verzehr dieser Nahrungsmittel wirkt sich positiv auf das Herz-Kreislauf-System und den Verdauungstrakt aus, stabilisiert den Blutzucker und senkt den Cholesterinspiegel im Blut. Der hohe Gehalt an B-Vitaminen fördert die Gehirnleistung und die Konzentrationsfähigkeit. Sogar das Risiko an einer Krebsart zu erkranken oder einen Herzinfarkt zu erleiden, soll durch einen regelmäßigen Verzehr gemindert werden.

Nüsse, Kerne und Samen sind häufig ein Bestandteil von Diäten und werden bei der Gewichtsreduktion empfohlen. Denn mit ihrem hohen Kaloriengehalt aus gesunden Fetten sind sie hervorragende Energiespender, sättigen schnell und verhindern so die gefürchteten Heißhungerattacken. Im Smoothie sorgen sie zudem für eine dickere Konsistenz. Im Übermaß können sie durch ihren hohen Kalorienanteil aber auch aufs Gewicht schlagen. Integrieren Sie daher diese Superfoods zwar regelmäßig, aber mäßig in ihre tägliche Ernährung.

HALTBARKEIT

Nüsse und Kerne sind relativ lange haltbar. Dennoch sollten Sie darauf achten, sie nicht zu lange zu lagern, denn es besteht die Gefahr, dass sie ranzig werden. Ranzige Fette sind eine Belastung für unser Immunsystem. Das gleiche gilt oft auch für Nussöle, die nicht aus frischer Pressung stammen.

RED HEART BEAT

MIT CHIA-SAMEN UND FRÜCHTEN

FÜR 6 PERSONEN (CA. 1,2 L)
ZUBEREITUNGSZEIT: 10 MIN. +
12 STD. EINWEICHEN
PRO PORTION: CA. 80 KCAL,
2 G EW, 2 G F, 16 G KH

2 EL Chiasamen (siehe S. 60)

5 große getrocknete Feigen

260 ml Wasser (insgesamt zum Einweichen)

200 g Himbeeren (frisch oder tiefgefroren)

1 Stück Ananas (100 g)

1 – 2 Pfirsiche (200 g)

ca. 300 ml Wasser (zum Mixen)

1 Die Chiasamen in 160 ml Wasser 12 Std. einweichen, am besten über Nacht. Die Feigen in 100 ml Wasser 2 Std. einweichen.

2 Frische Himbeeren verlesen und kurz waschen (tiefgefrorene Beeren müssen nicht aufgetaut werden). Die Ananas schälen und das Fruchtfleisch mitsamt dem Strunk in Stücke schneiden. Die Pfirsiche waschen, halbieren, entsteinen und in Spalten schneiden. Für die Dekoration 6 schöne Himbeeren und 6 Pfirsichspalten beiseitelegen. Die restlichen vorbereiteten Früchte in den Mixer geben.

3 Von den eingeweichten Feigen die Stiele entfernen. Die Feigen und die Chiasamen jeweils mitsamt dem Einweichwasser ebenfalls in den Mixer geben. 300 ml Wasser hinzufügen.

4 Den Mixer kurz auf kleinster Stufe starten, dann alles auf höchster Stufe pürieren, bis ein cremiger Smoothie entstanden ist und auch die Himbeerkerne vollständig zerkleinert sind. Die Konsistenz prüfen. Nach Belieben noch etwas Wasser dazugeben und erneut kurz mixen.

5 Smoothie in Gläser füllen und mit den beiseitegelegten Himbeeren und Pfirsichspalten dekorieren. Seine Power frisch und gut gelaunt genießen.

SMOOTHIE-TIPP

Besonders Kinder lieben diesen Smoothie, da er eine knallrote Farbe hat und sehr süß schmeckt.

DEM HIMMEL SO NAH

MIT KIRSCHEN, AVOCADO UND KAKAO

BERUHIGEND | AUFBAUEND

FÜR 3 PERSONEN (CA. 600 ML)
ZUBEREITUNGSZEIT: 15 MIN.
PRO PORTION: CA. 230 KCAL,
4 G EW, 17 G F, 15 G KH

200 g Süßkirschen

½ Avocado

20 g rohe Kakaonibs

3 EL Mandelmus

1 TL Kokosblütenzucker / *alternative Süßungsmittel siehe S. 95*

ca. 200 ml Wasser

Für die Dekoration:

3 Süßkirschen-Paare (jeweils mit Stiel verbunden)

1 Die Süßkirschen waschen und entsteinen, am besten mit einem Kirschentkerner. Aus der Avocadohälfte das Fruchtfleisch mit einem Löffel aus der Schale lösen.

2 Kirschen, Avocadofruchtfleisch, Kakaonibs, Mandelmus und Kokosblütenzucker in den Mixer geben. 200 ml Wasser hinzufügen.

3 Den Mixer kurz auf kleinster Stufe starten, dann alles auf höchster Stufe pürieren, bis ein cremiger Smoothie entstanden ist. Die Konsistenz prüfen. Nach Belieben noch etwas Wasser dazugeben und erneut kurz mixen.

4 Für die Dekoration die Kirschen-Paare waschen und trocken tupfen. Smoothie in Gläser füllen und mit den Kirschen dekorieren. Entspannt und fröhlich genießen.

SMOOTHIE-TIPP

Diesen Smoothie lieben Kinder und Erwachsene gleichermaßen – beim Genießen werden Erinnerungen an Schwarzwälder Kirschtorte wach.

GRUNDLOS GLÜCKLICH

MIT HANF, KOKOS UND MACA

FÜR 6 PERSONEN (CA. 1,2 L)
ZUBEREITUNGSZEIT: 10 MIN. +
12 STD. EINWEICHEN
PRO PORTION: CA. 105 KCAL,
2 G EW, 5 G F, 16 G KH

2 EL Hanfsamen (siehe S. 60)

200 ml Wasser (zum Einweichen)

3 große getrocknete Feigen

1 Mango

200 g Heidelbeeren (frisch oder
tiefgefroren)

1 gehäufter EL Kokosmus
(siehe S. 97)

1 gehäufter EL Maca-Pulver
(siehe S. 99)

ca. 500 ml Wasser (zum Mixen) /
alternativ: falls erhältlich, frisches
Kokosnusswasser

1 Die Hanfsamen in 100 ml Wasser 12 Std. einweichen, am besten über Nacht. Die Feigen in 100 ml Wasser 2 Std. einweichen.

2 Die Mango schälen, das Fruchtfleisch in Stücken vom Stein schneiden. Die Heidelbeeren verlesen, waschen und abtropfen lassen (tiefgefrorene Beeren müssen nicht aufgetaut werden). Einige schöne Heidelbeeren für die Dekoration beiseitelegen, die restlichen Beeren mit den Mangostücken in den Mixer geben.

3 Die Feigen und die Hanfsamen jeweils mitsamt dem Einweichwasser ebenfalls in den Mixer füllen. Das Kokosmus und das Maca-Pulver dazugeben. 500 ml Wasser hinzufügen.

4 Den Mixer kurz auf kleinster Stufe starten, dann alles auf höchster Stufe pürieren, bis ein cremiger Smoothie entstanden ist. Die Konsistenz prüfen. Nach Belieben noch etwas Wasser dazugeben und erneut kurz mixen.

5 Den Smoothie in Gläser verteilen, mit den beiseitegelegten Heidelbeeren als Topping servieren und frisch genießen.

SUPERFOOD-INFO

Trockenfrüchte sollten vor ihrer Verwendung mindestens
2 Std. eingeweicht werden. Sie sind dadurch besser ver-
träglich, lassen sich beim Mixen leichter fein zerkleinern
und schmecken extrem lecker.

GIVE ME MORE

MIT ARONIA, KAKAO UND LEINSAMEN

FÜR 4 PERSONEN (CA. 1 L)
ZUBEREITUNGSZEIT: 15 MIN. +
12 STD. EINWEICHEN
PRO PORTION: CA. 130 KCAL,
3 G EW, 5 G F, 19 G KH

2 EL Leinsamen

15 g getrocknete Aroniabeeren
(siehe S. 18)

150 ml Wasser (insgesamt zum
Einweichen)

300 g Süßkirschen

150 g Stachelbeeren

ca. 250 ml Wasser (zum Mixen)

20 g Rosinen

20 g rohe Kakaonibs

1 gehäufter EL Baobab-Pulver
(siehe S. 98)

Für die Dekoration:

Baobab-Pulver zum Bestreuen

1 Die Leinsamen in 100 ml Wasser 12 Std. einweichen, am besten über Nacht. Die Aroniabeeren in 50 ml Wasser 2 Std. einweichen.

2 Die Kirschen waschen und entsteinen, am besten mit einem Kirschentkerner. Die Stachelbeeren waschen. Stachelbeeren sowie die Leinsamen mitsamt dem Einweichwasser in den Mixer geben. 250 ml Wasser hinzufügen.

3 Den Mixer auf kleinster Stufe starten, dann alles auf höchster Stufe pürieren, bis die Leinsamen sowie die Kerne der Stachelbeeren vollständig zerkleinert sind.

4 Aroniabeeren mitsamt dem Einweichwasser, Kirschen, Rosinen, Kakaonibs und Baobab-Pulver in den Mixer geben und alles auf höchster Stufe weitermixen, bis ein cremiger Smoothie entstanden ist. Die Konsistenz prüfen. Nach Belieben noch etwas Wasser dazugeben und erneut kurz mixen.

5 Den Smoothie in Gläser füllen und die Oberfläche leicht mit Baobab-Pulver bestreuen. Frisch und gut gelaunt genießen.

SUPERFOOD-INFO

Leinsamen ist der Samen des Flachses und dient zur Herstellung des wertvollen Leinöls. Im Smoothie beigemengt fördert er die Verdauung und liefert außerdem noch wertvolle Inhaltsstoffe wie ungesättigte Fettsäuren, Antioxidantien und Proteine.

BLACK FIRE IN THE STORM

MIT BEEREN, GRANATAPFEL UND ACAI

SCHÜTZEND

FÜR 6 PERSONEN (CA. 1,2 L)
ZUBEREITUNGSZEIT: 15 MIN. +
12 STD. EINWEICHEN
PRO PORTION: CA. 125 KCAL,
3 G EW, 4 G F, 20 G KH

30 g Mandeln
100 ml Wasser (zum Einweichen)
2 Pfirsiche (250 g)
1 Granatapfel
100 g Himbeeren
100 g Schwarze Johannisbeeren
1 EL Acai-Pulver (siehe S. 18)
2 EL Birkensüß (Xylitol)
ca. 500 ml Wasser (zum Mixen)

1 Die Mandeln in 100 ml Wasser 12 Std. einweichen, am besten über Nacht.

2 Die Pfirsiche waschen, halbieren, entsteinen und in Stücke schneiden. Den Granatapfel halbieren, mit der Schnittfläche nach unten über eine große Schüssel halten und mit einem Kochlöffel die Kerne herausklopfen. 100 g Granatapfelkerne abwiegen. Die Himbeeren verlesen, waschen und abtropfen lassen. Die Johannisbeeren waschen und abtropfen lassen. Für die Dekoration 5 schöne Johannisbeerrispen beiseitelegen, von den restlichen Rispen die Beeren abzupfen.

3 Das Einweichwasser von den Mandeln abgießen. Mandeln, Pfirsiche, Granatapfelkerne, Himbeeren, abgezupfte Johannisbeeren, Acai-Pulver und Birkensüß in den Mixer geben. 500 ml Wasser hinzufügen.

4 Den Mixer kurz auf kleinster Stufe starten, dann alles auf höchster Stufe pürieren, bis ein cremiger Smoothie entstanden ist und die Mandeln sowie auch die relativ harten Granatapfelkerne vollständig zerkleinert sind. Konsistenz und Geschmack prüfen, nach Belieben noch etwas Wasser und Birkensüß hinzufügen und erneut kurz mixen.

5 Smoothie in Gläser füllen und mit den beiseitegelegten Johannisbeerrispen dekorieren. Frisch und gut gelaunt genießen.

SUPERFOOD-INFO

Birkensüß (Xylitol oder Xylit) ist ein wertvoller Zuckeraustauschstoff, der kaum Kalorien enthält. Er wird aus Birken- und Buchenrinde hergestellt und schmeckt und sieht aus wie weißer Kristallzucker. Er ist für Diabetiker geeignet und fördert die Zahngesundheit.

TOM UND JERRY

MIT MANGO, WALNÜSSEN UND CHIA

FÜR 6 PERSONEN (CA. 1,2 L)
ZUBEREITUNGSZEIT: 10 MIN. +
12 STD. EINWEICHEN
PRO PORTION: CA. 150 KCAL,
3 G EW, 8 G F, 16 G KH

60 g Walnusskerne

2 EL Chiasamen (siehe S. 60)

360 ml Wasser (insgesamt zum Einweichen)

1 kleine Mango

2 Äpfel

250 g Erdbeeren

1 EL Kokosblütenzucker / *alternative Süßungsmittel siehe S. 95*

ca. 300 ml Wasser (zum Mixen)

1 Die Walnüsse in 200 ml Wasser 12 Std. einweichen, am besten über Nacht. Die Chiasamen in 160 ml Wasser 2 Std. einweichen.

2 Die Mango schälen, das Fruchtfleisch in Stücken vom Stein schneiden. Die Äpfel waschen und vierteln. Dabei jeweils Stiel und Blütenansatz entfernen, das Kerngehäuse belassen. Die Erdbeeren waschen und abtropfen lassen, den grünen Blattansatz belassen. Für die Dekoration 6 schöne Erdbeeren beiseitelegen, restliche Erdbeeren mit Mango und Äpfeln in den Mixer geben.

3 Die Walnüsse in ein Sieb abgießen, mit Wasser abbrausen und abtropfen lassen. Die Walnüsse und die Chiasamen mitsamt dem Einweichwasser ebenfalls in den Mixer geben. Den Kokosblütenzucker und 300 ml Wasser hinzufügen.

4 Den Mixer kurz auf kleinster Stufe starten, dann alles auf höchster Stufe pürieren, bis ein cremiger Smoothie entstanden ist. Die Konsistenz prüfen. Nach Belieben noch etwas Wasser dazugeben und erneut kurz mixen.

5 Den Smoothie in Gläser verteilen und die beiseitegelegten Erdbeeren dazu servieren. Frisch und gut gelaunt genießen.

SUPERFOOD-INFO

Walnüsse enthalten wertvolle ungesättigte Fettsäuren, Vitamine und Proteine. Nüsse enthalten aber auch von Natur aus Enzymhemmer, die das Freisetzen der Nährstoffe verhindern. Um die Hemmstoffe auszuwaschen, werden die Nüsse deshalb vor ihrer Verwendung mehrere Stunden eingeweicht.

PEACE IS PEACE

MIT CHIA, MACA UND GRANATAPFEL

SCHÜTZEND | AUFBAUEND

FÜR 2 PERSONEN (CA. 500 ML)
ZUBEREITUNGSZEIT: 10 MIN. +
2 STD. EINWEICHEN
PRO PORTION: CA. 130 KCAL,
2 G EW, 1 G F, 24 G KH

1 EL Chiasamen (siehe S. 60)

100 ml Wasser (zum Einweichen)

1 Granatapfel

120 g blaue Weintrauben

2 TL Maca-Pulver (siehe S. 99)

1 EL Birkensüß (Xylitol)

ca. 100 ml Wasser (zum Mixen)

1 Die Chiasamen in 100 ml Wasser 2 Std. einweichen.

2 Den Granatapfel halbieren, mit der Schnittfläche nach unten über eine große Schüssel halten und mit einem Kochlöffel die Kerne herausklopfen. Die Weintrauben waschen und von den Stielen zupfen. Für die Dekoration einige Trauben beiseitelegen, die restlichen Granatapfelkerne und Trauben in den Mixer geben.

3 Die Chiasamen mitsamt dem Einweichwasser, das Maca-Pulver und das Birkensüß ebenfalls in den Mixer geben. 100 ml Wasser hinzufügen.

4 Den Mixer auf kleinster Stufe starten, dann alles auf höchster Stufe pürieren, bis ein cremiger Smoothie entstanden ist. Die Konsistenz prüfen. Nach Belieben noch etwas Wasser dazugeben und erneut kurz mixen.

5 Den Smoothie in Gläser verteilen. Die beiseitegelegten Weintrauben dekorativ anbringen, die Trauben dazu einschneiden und auf den Glasrand stecken. Den Power-Drink frisch und gut gelaunt servieren.

SUPERFOOD-TIPP

Die Zutaten in diesem Smoothie sind vollgepackt mit Antioxidantien und schützen Sie dadurch für den Tag vor negativen Stressfolgen. Am Besten eine große Flasche in die Arbeit mitnehmen und immer wieder davon naschen. Antioxidantien sollten regelmäßig konsumiert werden, da sie nicht zuletzt für ihren nachhaltigen Anti-Aging-Effekt bekannt sind.

INKA DRINK

MIT BIRNEN, MACA, HANF UND KURKUMA

FÜR 4 PERSONEN (CA. 800 ML)
ZUBEREITUNGSZEIT: 5 MIN.
PRO PORTION: CA. 145 KCAL,
3 G EW, 6 G F, 15 G KH

3 reife Birnen

½ Limette

1 gehäufter EL Maca-Pulver
(siehe S. 99)

2 EL Mandelmus

2 EL geschälte Hanfsamen
(siehe S. 60)

1 gestrichener TL Kurkumapulver

ca. 400 ml Wasser

1 Die Birnen waschen und vierteln. Dabei jeweils Stiel und Blütenansatz entfernen, das Kerngehäuse belassen. Für die Dekoration einige dünne Birnenscheiben abschneiden und beiseitelegen. Die restliche Birne in Stücke schneiden und in den Mixer geben.

2 Die Limettenhälfte schälen und mit Maca-Pulver, Mandelmus, Hanfsamen und Kurkumapulver ebenfalls in den Mixer geben. 400 ml Wasser hinzufügen.

3 Den Mixer auf kleinster Stufe starten, dann alles auf höchster Stufe pürieren, bis ein cremiger Smoothie entstanden ist. Die Konsistenz prüfen. Nach Belieben noch etwas Wasser dazugeben und erneut kurz mixen.

4 Den Smoothie in Gläser verteilen. Die Birnenscheiben etwas einschneiden und an die Glasränder stecken. Frisch und gut gelaunt genießen.

SUPERFOOD-INFO

Das Wissen aus alten Kulturen erlebt durch die Superfoods einen neuen Boom. Beispielsweise sollen sich Inkakrieger mit dem Verzehr der Maca-Wurzel für eine Schlacht vorbereitet haben und wussten auch die aphrodisierende Wirkung dieser Pflanze zu schätzen. Es gibt Berichte, dass Maca auch bei chronischer Müdigkeit und Depressionen wirksam ist.

ERDBEERE KÜSST ARONIA

MIT FEIGEN, LEINSAMEN UND GERSTENGRAS

SCHÜTZEND

FÜR 5 PERSONEN (CA. 1 L)
ZUBEREITUNGSZEIT: 10 MIN. +
12 STD. EINWEICHEN
PRO PORTION: CA. 75 KCAL,
2 G EW, 1 G F, 14 G KH

1 EL Leinsamen

80 g getrocknete Aroniabeeren
(siehe S. 18)

4 getrocknete Feigen

450 ml Wasser (insgesamt zum
Einweichen)

200 g Erdbeeren

1 Banane

1 EL Gerstengras-Pulver

ca. 400 ml Wasser (zum Mixen)

1 Den Leinsamen in 100 ml Wasser und die getrockneten Aroniabeeren in 200 ml Wasser 12 Std. einweichen, am besten über Nacht. Die Feigen in 150 ml Wasser 2 Std. einweichen.

2 Die Erdbeeren waschen und abtropfen lassen, die grünen Blattansätze belassen. Die Banane schälen und in Stücke schneiden.

3 Leinsamen, Aroniabeeren und Feigen jeweils mitsamt dem Einweichwasser in den Mixer geben. Für die Dekoration 5 schöne Erdbeeren beiseitelegen, die restlichen Erdbeeren mit Banane und Gerstengras-Pulver in den Mixer füllen. 400 ml Wasser hinzufügen.

4 Den Mixer auf kleinster Stufe starten, dann alles auf höchster Stufe pürieren, bis ein cremiger Smoothie entstanden ist. Die Konsistenz prüfen. Nach Belieben noch etwas Wasser dazugeben und erneut kurz mixen.

5 Smoothie in Gläser füllen. Die beiseitegelegten Erdbeeren einschneiden und an den Glasrand stecken. Frisch und gut gelaunt genießen.

SUPERFOOD-INFO

Aroniabeeren gehören zu den »stärksten« heimischen Superfoods. Die Beere leitet Schwermetalle aus dem Körper aus, hilft bei Vergiftungen, Strahlenschäden und schützt vor Herz-Kreislauf-Erkrankungen sowie Krebs.

SANTA CLAUS IM GLAS

MIT ORANGE, GRANATAPFEL UND ZIMT

SCHÜTZEND | BERUHIGEND

FÜR 4 PERSONEN (CA. 800 ML)
ZUBEREITUNGSZEIT: 10 MIN.
PRO PORTION: CA. 250 KCAL,
2 G EW, 1 G F, 57 G KH

2 große Äpfel

1 Granatapfel

350 ml frisch gepresster
Orangensaft

1 kräftige Prise Zimtpulver

1 kräftige Prise gemahlene
Bourbonvanille

2 EL Yacon-Sirup (siehe
Superfood-Info) / *alternative*
Süßungsmittel siehe S. 95

1 Die Äpfel waschen und in Stücke schneiden. Dabei jeweils Stiel und Blütenansatz entfernen, das Kerngehäuse belassen. Den Granatapfel halbieren, mit der Schnittfläche nach unten über eine große Schüssel halten und mit einem Kochlöffel die Kerne herausklopfen. Für die Dekoration einige Kerne beiseitelegen, die restlichen Granatapfelkerne mit den Apfelstücken in den Mixer geben.

2 Orangensaft, Zimtpulver, Vanille und Yacon-Sirup ebenfalls in den Mixer geben. Dabei Zimt und Vanille zunächst vorsichtig dosieren und noch nicht die ganze Menge des Yacon-Sirups verwenden.

3 Den Mixer auf kleinster Stufe starten, dann alles auf höchster Stufe pürieren, bis ein cremiger Smoothie entstanden ist. Den Geschmack prüfen und den Smoothie eventuell nochmals mit etwas Zimt, Vanille und Yacon-Sirup abschmecken.

4 Smoothie in Gläser füllen und mit den beiseitegelegten Granatapfelkernen bestreuen. Gut gelaunt mit einem Löffel servieren.

SUPERFOOD-INFO

Yacon-Sirup enthält Frukto-Oligosaccharide und Inulin, beides Stoffe, die die Gesundheit unterstützen. Mit Yacon-Sirup nimmt man ab, er senkt den Blutzucker und das schädliche Cholesterin. Gleichzeitig fördert er als Probiotikum die gesunden Darmbakterien. Yacon wirkt zudem gegen hohen Blutdruck und Krebs. Experten empfehlen etwa 3 EL Yacon-Sirup täglich.

PURPURNE GENÜSSE

MIT SCHWARZEN JOHANNISBEEREN UND KOKOSÖL

AUFBAUEND | SCHÜTZEND

FÜR 2 PERSONEN (CA. 500 ML)
ZUBEREITUNGSZEIT: 5 MIN.
PRO PORTION: CA. 170 KCAL,
2 G EW, 10 G F, 18 G KH

2 Bananen

125 g Schwarze Johannisbeeren

2 EL Kokosöl (siehe S. 97)

ca. 100 ml Wasser

1 Die Bananen schälen und in Stücke schneiden. Die Johannisbeeren waschen, abtropfen lassen und von den Stielen zupfen. Die Bananenstücke mit den Johannisbeeren und dem Kokosöl in den Mixer geben. 100 ml Wasser hinzufügen.

2 Den Mixer auf kleinster Stufe starten, dann alles auf höchster Stufe pürieren, bis ein cremiger Smoothie entstanden ist. Die Konsistenz prüfen. Nach Belieben noch etwas Wasser dazugeben und erneut kurz mixen.

3 Den Smoothie in Gläser füllen. Fertig! Frisch und gut gelaunt genießen.

SMOOTHIE-TIPP

Nicht nur für dieses Rezept gilt: Essen Sie Ihren Smoothie mit einem Löffel statt ihn zu trinken. Dadurch bleibt er länger im Mund, wird besser mit Speichel versetzt und vorverdaut. Denn die im Speichel enthaltenen Enzyme zerlegen Kohlenhydrate in ihre einzelnen Bestandteile und erleichtern so später dem Darm die Verdauungsarbeit.

SCHWARZES GOLD

MIT SCHWARZEM SESAM UND ALOE VERA

SCHÜTZEND

FÜR 2 PERSONEN (CA. 500 ML)
ZUBEREITUNGSZEIT: 10 MIN.
PRO PORTION: CA. 115 KCAL,
2 G EW, 4 G F, 17 G KH

3 EL schwarzer Sesam

1 Stück Aloe-vera-Blatt
(5 cm lang; siehe S. 96)

1 große Mango

ca. 300 ml Wasser

1 2 EL Sesam in einem Blitzhacker schroten. Das Aloe-vera-Blatt schälen und das innere, gelartige Filet herausnehmen. Die Mango waschen, das Fruchtfleisch mitsamt der Schale in Stücken vom Stein schneiden.

2 Für die Dekoration 1 EL Sesam in einen tiefen Teller füllen und beiseitestellen. Den Sesamschrot, die Mangostücke mit der Schale und das Aloe-vera-Gel in den Mixer geben. 300 ml Wasser hinzufügen.

3 Den Mixer auf kleinster Stufe starten, dann alles auf höchster Stufe pürieren, bis ein cremiger Smoothie entstanden ist. Die Konsistenz prüfen. Nach Belieben noch etwas Wasser dazugeben und erneut kurz mixen.

4 Leere Smoothie-Gläser am oberen Rand mit Wasser befeuchten und in den vorbereiteten Sesam tunken, sodass ein dekorativer schwarzer Sesamrand entsteht. Den Smoothie in 3 Gläser füllen und frisch und gut gelaunt genießen.

SMOOTHIE-TIPP

Es lohnt sich, neben einem Hochleistungsmixer auch einen Blitzhacker (auch »Multi-Zerkleinerer« oder »Universalzerkleinerer«) zu besitzen. Mit seiner Hilfe können Sie schnell kleine Mengen an Samen und Nüssen schroten und fein zerkleinern.

RIESENGROSSER SUPERFOOT

MIT SONNEN-BLUMENKERNEN UND SPIRULINA

AUFBAUEND

FÜR 3 PERSONEN (CA. 600 ML)
ZUBEREITUNGSZEIT: 10 MIN. +
12 STD. EINWEICHEN
PRO PORTION: CA. 185 KCAL,
4 G EW, 11 G F, 18 G KH

2 EL Sonnenblumenkerne

8 getrocknete Kugelfeigen
(Zwergfeigen)

300 ml Wasser (insgesamt zum
Einweichen)

1 Avocado

4 Pflaumen

1 EL Spirulina-Pulver (siehe
Superfood-Info) / *Algen siehe S. 98*

ca. 200 ml Wasser

1 Die Sonnenblumenkerne in 100 ml Wasser 12 Std. einweichen, am besten über Nacht. Die Feigen in 200 ml Wasser 4 Std. einweichen.

2 Die Avocado so in 2 Hälften schneiden, dass auch der Kern halbiert wird. Aus einer Avocadohälfte das Fruchtfleisch und die Steinhälfte mit einem Löffel aus der Schale lösen und beide Zutaten in den Mixer geben. Die andere Avocadohälfte anderweitig verwenden.

3 Die Pflaumen waschen, halbieren, entsteinen und in den Mixer geben. Die Sonnenblumenkerne und die Feigen jeweils mitsamt dem Einweichwasser sowie das Spirulina-Pulver ebenfalls in den Mixer geben. 200 ml Wasser hinzufügen.

4 Den Mixer auf kleinster Stufe starten, dann alles auf höchster Stufe pürieren, bis ein cremiger Smoothie entstanden ist. Die Konsistenz prüfen. Nach Belieben noch etwas Wasser dazugeben und erneut kurz mixen.

5 Den Smoothie in Gläser füllen und als sättigende Zwischenmahlzeit genießen.

SUPERFOOD-INFO

Spirulina wird zwar zu den Süßwasseralgen gezählt,
ist aber in Wahrheit ein Bakterium.

RIO NEGRO

MIT NÜSSEN, DATTELN, KAKAO UND KOKOSMUS

AUFBAUEND | BERUHIGEND | SCHÜTZEND

FÜR 6 PERSONEN (CA. 1,2 L)
ZUBEREITUNGSZEIT: 15 MIN. +
12 STD. EINWEICHEN
PRO PORTION: CA. 245 KCAL,
3 G EW, 18 G F, 17 G KH

70 g Paranüsse (siehe
Superfood-Info)

200 ml Wasser (insgesamt zum
Einweichen)

10 große getrocknete Datteln
(entsteint; ca. 100 g)

200 g Schwarze Johannisbeeren

2 EL rohe Kakaonibs

2 EL Kokosmus (siehe S. 97)

2 EL Yacon-Sirup / *alternative*
Süßungsmittel siehe S. 95

ca. 500 ml Wasser (zum Mixen)

1 Die Paranüsse in 100 ml Wasser 12 Std. einweichen, am besten über Nacht. Für die Dekoration 6 Datteln beiseitelegen, die restlichen Datteln in 100 ml Wasser 2 Std. einweichen.

2 Die Johannisbeeren waschen, abtropfen lassen und von den Stielen zupfen. Die Paranüsse in ein Sieb abgießen und abtropfen lassen. Für die Dekoration 6 Nüsse beiseitelegen, die restlichen Nüsse in den Mixer geben. Eingeweichte Datteln mitsamt dem Einweichwasser, Johannisbeeren, Kakaonibs, Kokosmus und Yacon-Sirup dazugeben. 500 ml Wasser hinzufügen.

3 Den Mixer auf kleinster Stufe starten, dann alles auf höchster Stufe pürieren, bis ein cremiger Smoothie entstanden ist. Konsistenz und Geschmack prüfen. Nach Belieben noch etwas Wasser dazugeben, mit etwas Yacon-Sirup abschmecken und erneut kurz mixen.

4 Smoothie in Gläser füllen. In die beiseitegelegten Datteln jeweils 1 Paranuss statt des Steins in die Mitte stecken. Die Datteln zum Smoothie dazulegen. Frisch und gut gelaunt genießen.

SUPERFOOD-INFO

Die Paranuss ist bekannt für Selen- und Zinkreichtum, beides für den Menschen äußerst wichtige Spurenelemente. In ihren Ursprungsländern ist sie auch als Aphrodisiakum bekannt, da sie den Testosteronspiegel steigert. Sie sollte aber in Maßen genossen werden, da sie auch sehr kalorienreich ist.

PISTACHE À LA FRAISE

MIT PISTAZIEN, YACON-SIRUP UND KOKOS

BERUHIGEND

FÜR 6 PERSONEN (CA. 1,2 L)
ZUBEREITUNGSZEIT: 10 MIN. +
12 STD. EINWEICHEN
PRO PORTION: CA. 115 KCAL,
2 G EW, 8 G F, 9 G KH

50 g Pistazienkerne (siehe
Superfood-Info)

100 ml Wasser (zum Einweichen)

250 g Erdbeeren

1 Banane

2 EL Kokosmus (siehe S. 97)

1 Prise gemahlene Bourbonvanille

2 EL Yacon-Sirup / *alternative*
Süßungsmittel siehe S. 95

ca. 600 ml Wasser (zum Mixen)

1 Die Pistazienkerne aus den dünnen Häuten lösen und in 100 ml Wasser 12 Std. einweichen, am besten über Nacht.

2 Die Pistazien in ein Sieb abgießen, abbrausen und abtropfen lassen. Die Erdbeeren waschen und abtropfen lassen, den grünen Blattansatz belassen. Die Banane schälen und in Stücke schneiden.

3 Pistazien, Erdbeeren und Banane in den Mixer geben. Das Kokosmus, die Vanille und den Yacon-Sirup dazugeben. 600 ml Wasser hinzufügen.

4 Den Mixer auf kleinster Stufe starten, dann alles auf höchster Stufe pürieren, bis ein cremiger Smoothie entstanden ist. Die Konsistenz prüfen. Nach Belieben noch etwas Wasser dazugeben und erneut kurz mixen.

5 Den Smoothie in Gläser verteilen. Frisch und gut gelaunt genießen.

SUPERFOOD-INFO

Die Pistazie gehört zu den ältesten Kulturpflanzen; die Königin von Saba soll die Pistazie zu einem ausschließlich königlichen Nahrungsmittel erhoben haben. Sie ist vitamin- und mineralstoffreich und wird in der Traditionellen Chinesischen Medizin sowie in der ayurvedischen Heilkunde als Heilmittel eingesetzt.

ZUCKER-WISSEN

Wir alle sind verrückt nach Zucker und gleichzeitig hat Zucker einen schlechten Ruf. Dabei ist Zucker nicht gleich Zucker. Es gibt gesunde und ungesunde Arten. Besonders im Smoothie gilt es darauf zu achten, dass der süße Geschmack nicht vorherrscht und – wenn überhaupt – bewusst gesüßt wird. Es sollte uns klar sein, dass wir in einer Gesellschaft leben, die extrem »überzuckert« ist, und wir unseren Kohlenhydratbedarf gegenwärtig zu 80 Prozent aus raffinierten Zuckern und weißem Mehl decken. Diese Art der Energiezufuhr ist eine Hauptursache für unsere Wohlstandserkrankungen.

ZUCKER, DIE SIE NICHT VERWENDEN SOLLTEN

Leider sind die meisten gängigen Zuckerprodukte und Süßungsmittel zum Süßen Ihres Smoothies ungeeignet. An erster Stelle ist der normale Haushaltszucker zu nennen, der raffinierte Fruktose enthält und ein Hauptschädiger unserer Gesundheit ist. Raffinierte Fruktose ist in versteckter Form in zahllosen industriell gefertigten Lebensmitteln enthalten (insbesondere als Fruktosesirup) und ist die Dickmacherin schlechthin. Sie fördert die Entwicklung von Diabetes, erhöhtem Blutdruck und Krebserkrankungen. Vorsicht ist auch bei Vollrohrzucker und Rohrohrzucker, Ahornsirup, Agavendicksaft und Honig geboten, da sie ebenfalls viel Fruktose enthalten.

Stark abzuraten ist auch von den sogenannten Süßstoffen. Zu den bekanntesten zählen Saccharin und Aspartam. Sie sind künstlich hergestellt und werden erfolgreich in der Tiermast eingesetzt, weil sie indirekt die Gewichtszunahme fördern und vermutlich auch das Krebsrisiko erhöhen.

FRUCHTZUCKER SPARSAM EINSETZEN

Den Ausweg aus dieser Sackgasse bieten Superfoods, zu denen auch Früchte zählen. Wenig bekannt ist allerdings, dass vor allem süße Früchte auch viel Fruchtzucker (Fruktose) beinhalten (siehe oben). Die Fruktose in den Früchten ist dennoch »gesünder«, weil sie nicht raffiniert ist, und Früchte zudem weitere Wirkstoffe enthalten, die schädliche Folgewirkungen von Fruktose abmildern können. Um keinen Schaden durch zu viel Fruchtzucker zu erleiden, sollten Sie Folgendes beachten: Süße Früchte, insbesondere auch Dörrobst, sollten Sie nicht im Übermaß im Smoothie verwenden. Als Faustregel gilt, dass maximal die Hälfte der Zutaten eines Superfood-Smoothies aus süßen Früchten bestehen sollte. Darüber hinaus sollten Sie immer wieder auch nicht-süße Superfood-Smoothies in ihren Speiseplan einbauen. Sie können einen Smoothie, der Ihnen nach der Zubereitung nicht süß genug schmeckt, nachsüßen – bitte jedoch nur mit pflanzlichen Alternativen. Diese Stoffe schmecken nicht nur süß, sondern unterstützen auch unsere Gesundheit.

ALTERNATIVE SÜSSUNGSMITTEL

Wem die Eigensüße des Superfood-Smoothies nicht ausreicht, der findet in Yacon-Sirup einen idealen Zuckerersatz. Der Sirup aus einer peruanischen Wurzel hat nur wenig Kalorien, dient günstigen Darmbakterien als Nahrung (Präbiotikum) und wirkt als Ballaststoff. Gegenwärtig ist er am einfachsten über Internetshops zu beziehen (Bezugsadressen siehe S. 141). Eine weitere gute Möglichkeit zum Süßen stellen Zuckeraustauschstoffe dar, die aus Pflanzen gewonnen werden und fast wie normaler Haushaltszucker schmecken (nicht mit Süßstoffen zu verwechseln!). Sie sind kalorienarm und führen zu keiner Gewichtszunahme. Beispiele sind Birkensüß (Xylitol), Sorbit und Erythrit. In größerer Menge wirken sie bei manchen Menschen leicht abführend, am wenigsten Erythrit. Als positive »Nebenwirkung« fördern diese Stoffe die Zahngesundheit und können sogar Karies heilen. Die Steviapflanze liefert einen weiteren gesunden Zuckeraustauschstoff, ganz ohne Kalorien. Allerdings hat dieser Stoff einen relativ intensiven, leicht lakritzartigen Eigengeschmack. Kokosblütenzucker, der aus dem Nektar der Kokospalme gewonnen wird, ist ebenfalls ein gutes Süßungsmittel. Er schmeckt lecker und enthält zudem noch viele Mineralien. Allerdings ist sein Fruktoseanteil deutlich höher.

NICHT IMMER NUR SÜSS!

Süße Superfood-Smoothies dienen dem Wohlbefinden und der Gesundheit, wenn sie richtig zubereitet werden. Der süße Geschmack sollte jedoch nicht das einzige Kriterium für den Konsum sein. Lassen Sie sich auf pikante und neue Aromen ein, die von den Superfoods aufgrund ihrer hohen Dichte an Phytonährstoffen oft vorgegeben sind und die Sie nicht durch die Zugabe von Süßungsmitteln überdecken sollten.

AFTER WORK CHILL

MIT BEEREN, PFIRSICHEN UND BANANE

BERUHIGEND | SCHÜTZEND

FÜR 5 PERSONEN (CA. 1 L)
ZUBEREITUNGSZEIT: 10 MIN.
PRO PORTION: CA. 45 KCAL,
1 G EW, 0 G F, 9 G KH

130 g Heidelbeeren (frisch oder
tiefgefroren)

130 g Himbeeren (frisch oder
tiefgefroren)

2 reife Pfirsiche (ca. 250 g)

1 Banane

ca. 500 ml Wasser

Yacon-Sirup (nach Belieben) /
alternative Süßungsmittel
siehe S. 95

1 Frische Heidel- und Himbeeren verlesen, waschen
und abtropfen lassen (tiefgefrorene Beeren müssen
nicht aufgetaut werden). Die Pfirsiche waschen, halbieren, entsteinen und in Stücke schneiden. Die Banane
schälen und ebenfalls in Stücke schneiden. Alle vorbereiteten Früchte in den Mixer geben. 500 ml Wasser
hinzufügen.

2 Den Mixer kurz auf kleinster Stufe starten, dann alles auf höchster Stufe pürieren, bis ein cremiger Smoothie entstanden ist. So lange mixen, bis auch die kleinen Kerne der Himbeeren vollständig zerkleinert sind.

3 Konsistenz und Geschmack prüfen. Nach Belieben
noch etwas Wasser dazugeben, mit Yacon-Sirup abschmecken und erneut kurz mixen.

4 Smoothie in Gläser füllen. Frisch servieren und auf
der Zunge zergehen lassen.

SUPERFOOD-INFO

Beerenobst ist als Superfood unschlagbar. Der hohe Anteil
an Phytonährstoffen, wie zum Beispiel den blauen und
roten Fruchtfarbstoffen, sowie der relativ niedrige Fruk-
toseanteil verleihen den Beeren echtes Gesundheits-
potenzial. Getoppt werden die Vorzüge in diesem Smoo-
thie noch durch den gesunden Yacon-Sirup.

SEHNSUCHT NACH MARMARIS

MIT ANANAS, MAULBEEREN UND GERSTENGRAS

BERUHIGEND | REINIGEND

FÜR 4 PERSONEN (CA. 800 ML)
ZUBEREITUNGSZEIT: 5 MIN. +
2 STD. EINWEICHEN
PRO PORTION: CA. 120 KCAL,
3 G EW, 1 G F, 21 G KH

100 g getrocknete Maulbeeren

200 ml Wasser (zum Einweichen)

200 g Ananas

1 gehäufter EL Gerstengras-Pulver

ca. 300 ml Wasser (zum Mixen)

Für die Dekoration:

1 Prise gemahlene Bourbonvanille
oder 2 Vanilleschoten

1 Die Maulbeeren in 200 ml Wasser 2 Std. einweichen.

2 Die Ananas schälen und das Fruchtfleisch mitsamt dem Strunk in kleine Stücke schneiden. Die Ananasstücke, die Maulbeeren mitsamt dem Einweichwasser und das Gerstengras-Pulver in den Mixer geben. 300 ml Wasser hinzufügen.

3 Den Mixer kurz auf kleinster Stufe starten, dann alles auf höchster Stufe pürieren, bis ein cremiger Smoothie entstanden ist. Die Konsistenz prüfen. Nach Belieben noch etwas Wasser dazugeben und erneut kurz mixen.

4 Den Smoothie in Gläser füllen. Jeweils mit einem Hauch gemahlener Vanille bestreuer oder die Gläser nach Belieben mit aufgeschnittenen Vanilleschoten dekorieren. Frisch servieren.

SUPERFOOD-TIPP

Getreidegräser sind hochpotente Superfoods und stellen einen interessanten geschmacklichen Kontrast zu Obst her. Statt Gerstengras-Pulver zu verwenden, können Sie auch frisches Gerstengras entsaften und den Saft (100 ml) in Ihren Superfood-Smoothie geben.

SUNRISE IN FIDSCHI

MIT GOJIBEEREN, KOKOSMUS UND MACA

AUFBAUEND | SCHÜTZEND

*FÜR 4 PERSONEN (CA. 1 L)
ZUBEREITUNGSZEIT: 10 MIN. +
2 STD. EINWEICHEN
PRO PORTION: CA. 150 KCAL,
2 G EW, 6 G F, 22 G KH*

50 g getrocknete Gojibeeren
(siehe S. 18)

200 ml Wasser (zum Einweichen)

350 g Ananas

1 Banane

1 gehäufter EL Kokosmus
(siehe S. 97)

1 gehäufter EL Maca-Pulver
(siehe S. 99)

ca. 250 ml Wasser (zum Mixen)

1 Die Gojibeeren in 200 ml Wasser 2 Std. einweichen.

2 Die Ananas schälen und mitsamt dem Strunk in kleine Stücke schneiden. Die Banane schälen und in Stücke schneiden. Für die Dekoration 4 schöne dreieckige Ananasstücke und 8 Gojibeeren beiseitelegen.

3 Restliche Ananasstücke und Gojibeeren mitsamt dem Einweichwasser in den Mixer geben. Bananenstücke, Kokosmus und Maca-Pulver dazugeben. 250 ml Wasser hinzufügen.

4 Den Mixer kurz auf kleinster Stufe starten, dann alles auf höchster Stufe pürieren, bis ein cremiger Smoothie entstanden ist. Die Konsistenz prüfen. Nach Belieben noch etwas Wasser dazugeben und erneut kurz mixen.

5 Den Smoothie in Gläser verteilen. Jeweils 2 Gojibeeren und 1 Ananasstück auf einen Zahnstocher oder ein Holzstäbchen spießen und als Dekoration auf die Gläser legen.

SUPERFOOD-TIPP

*Kokosmus und Maca-Pulver sind auch hervorragende
Zutaten für Ihr morgendliches Müsli.*

AFRICAN KICK

MIT MELONE, BAOBAB UND MATCHA

SCHÜTZEND

FÜR 3 PERSONEN (CA. 700 ML)
ZUBEREITUNGSZEIT: 10 MIN.
PRO PORTION: CA. 45 KCAL,
1 G EW, 0 G F, 10 G KH

200 g rote Wassermelone

½ Banane

1 TL Matcha-Grüntee-Pulver
(siehe S. 99)

1 gehäufter EL Baobab-Pulver
(siehe S. 98)

ca. 350 ml Wasser

1 Die Wassermelone waschen und mitsamt der Schale in Stücke schneiden. Für die Dekoration 3 kleine Melonenwürfel ohne Schale beiseitelegen, restliche Melonenstücke in den Mixer geben.

2 Die Banane schälen und für die Dekoration 6 dünne Scheiben abschneiden. Restliche Banane klein schneiden und mit dem Matcha- sowie dem Baobab-Pulver in den Mixer geben. 350 ml Wasser hinzufügen.

3 Den Mixer kurz auf kleinster Stufe starten, dann alles auf höchster Stufe pürieren, bis ein cremiger Smoothie entstanden ist. Die Konsistenz prüfen. Nach Belieben noch etwas Wasser dazugeben und erneut kurz mixen.

4 Den Smoothie in Gläser verteilen. Je 1 Melonenwürfel und 2 Bananenscheiben auf einen Cocktailspieß oder ein Holzstäbchen stecken und auf oder in den Smoothie stellen. Frisch und gut gelaunt genießen.

SUPERFOOD-INFO

Die Wassermelone enthält in konzentrierter Form den Inhaltsstoff Citrullin. Diese Substanz wirkt aphrodisierend und leistungssteigernd.

INNERE WERTE

REINIGEND | AUFBAUEND | SCHÜTZEND

FÜR 6 PERSONEN (CA. 1,2 L)
ZUBEREITUNGSZEIT: 10 MIN. +
2 STD. EINWEICHEN
PRO PORTION: CA. 130 KCAL,
2 G EW, 10 G F, 8 G KH

4 getrocknete Datteln (entsteint)

200 ml Wasser (zum Einweichen)

300 ml frisch gepresster
Orangensaft

2 reife Avocados

1 EL rohes Kakaopulver

ca. 400 ml Wasser (zum Mixen)

1 Die Datteln in 200 ml Wasser 2 Std. einweichen.

2 Den Orangensaft und die Datteln mitsamt dem Einweichwasser in den Mixer geben. Die Avocados halbieren und entsteinen. Das Fruchtfleisch mit einem Löffel aus der Schale herauslösen und zusammen mit dem Kakaopulver ebenfalls in den Mixer geben. 400 ml Wasser hinzufügen.

3 Den Mixer kurz auf kleinster Stufe starten, dann alles auf höchster Stufe pürieren, bis ein cremiger Smoothie entstanden ist. Die Konsistenz prüfen. Nach Belieben noch etwas Wasser dazugeben und erneut kurz mixen.

4 Den Smoothie in Gläser verteilen. Frisch und gut gelaunt genießen.

SUPERFOOD-TIPP

Reife Avocados erkennt man daran, dass das Fruchtfleisch auf Druck nachgibt. Da Äpfel das Reifegas Ethylen produzieren, reift eine harte Avocado schneller nach, wenn Sie diese gemeinsam mit Äpfeln in eine Papiertüte stecken und lagern.

KAP DER GUTEN HOFFNUNG

MIT MATCHA, MACA UND BAOBAB

SCHÜTZEND

FÜR 5 PERSONEN (CA. 1 L)
ZUBEREITUNGSZEIT: 10 MIN.
PRO PORTION: CA. 55 KCAL,
1 G EW, 0 G F, 12 G KH

200 g Aprikosen

2 Bananen

100 g Physalis (siehe
Superfood-Info)

1 TL Matcha-Grüntee-Pulver
(siehe S. 99)

1 gehäufter EL Maca-Pulver
(siehe S. 99)

1 gehäufter EL Baobab-Pulver
(siehe S. 98)

ca. 500 ml Wasser

1 Die Aprikosen waschen, halbieren und entsteinen. Die Bananen schälen und in Stücke schneiden. Die Physalis von ihren lampionartigen Hüllen befreien, für die Dekoration 5 schöne Früchte beiseitelegen. Die restlichen Physalis mit den Aprikosen und Bananen in den Mixer geben.

2 Das Matcha-Grüntee-Pulver, Maca-Pulver und Baobab-Pulver ebenfalls in den Mixer geben. 500 ml Wasser hinzufügen.

3 Den Mixer kurz auf kleinster Stufe starten, dann alles auf höchster Stufe pürieren, bis ein cremiger Smoothie entstanden ist. Die Konsistenz prüfen. Nach Belieben noch etwas Wasser dazugeben und erneut kurz mixen.

4 Den Smoothie in 5 Gläser füllen und die beiseitegelegten Physalis als Deko dazu servieren. Frisch und gut gelaunt genießen.

SUPERFOOD-INFO

Die Physalis oder Kapstachelbeere ist ursprünglich in Südamerika heimisch. Der Name stammt aus der Seefahrerzeit, als sie nach Südafrika gelangte. Sie wird aber auch bei uns angebaut und man kann sie sogar relativ leicht zu Hause züchten. Sie hat einen feinsäuerlichen Geschmack und enthält viele Phytonährstoffe, die gesundheitsschützend wirken.

PROBIER'S NOCHMAL

MIT ACAI UND MANDELDRINK

AUFBAUEND | SCHÜTZEND

FÜR 5 PERSONEN (CA. 1 L)
ZUBEREITUNGSZEIT: 15 MIN. +
12 STD. EINWEICHEN
PRO PORTION: CA. 110 KCAL,
2 G EW, 3 G F, 16 G KH

100 g getrocknete Pflaumen
(entsteint)

200 ml Wasser (zum Einweichen)

200 g Brombeeren

1 EL Acai-Pulver (siehe S. 18)

ca. 400 ml Mandeldrink/ *am besten*
selbst zubereitet, siehe
Superfood-Tipp

1 Die Pflaumen in 200 ml Wasser 12 Std. einweichen, am besten über Nacht.

2 Die Brombeeren verlesen, waschen und abtropfen lassen. Für die Dekoration 5 Beeren beseitelegen, die restlichen Brombeeren mit dem Acai-Pulver in den Mixer geben. Die Pflaumen mitsamt dem Einweichwasser dazugeben. 400 ml Mandeldrink hinzufügen.

3 Den Mixer auf kleinster Stufe starten, dann alles auf höchster Stufe pürieren, bis ein cremiger Smoothie entstanden ist. Die Konsistenz prüfen. Nach Belieben noch etwas Mandelmilch dazugeben und erneut kurz mixen.

4 Den Smoothie in Gläser verteilen und mit den beiseitegelegten Brombeeren dekorieren. Frisch und gut gelaunt servieren.

SUPERFOOD-TIPP

Für Mandelmilch 75 g Mandeln in 150 ml Wasser 12 Std. einweichen, am besten über Nacht. Die Einweichflüssigkeit abgießen und die braunen Häutchen von den Mandeln entfernen. Dann die Mandeln mit 350 ml Wasser im Mixer fein pürieren. Oder noch einfacher und schneller: 4 EL rohes Mandelmus mit 350 ml Wasser im Mixer zu einer milchigen Flüssigkeit verarbeiten.

SOMMERFRISCHE
MIT SELLERIE UND GEMISCHTEN SPROSSEN

AUFBAUEND | **SCHÜTZEND**

FÜR 4 PERSONEN (CA. 800 ML)
ZUBEREITUNGSZEIT: 10 MIN.
PRO PORTION: CA. 70 KCAL,
2 G EW, 0 G F, 14 G KH

1 Orange

1 gelbe Grapefruit

¼ Ananas

50 g Staudensellerie (mit Blättern)

50 g Mungobohnensprossen

50 g Radieschensprossen

3 Eiswürfel

ca. 300 ml Wasser

Für die Dekoration

4 kurze Stangen Staudensellerie
(mit Blättern)

1 Die Orange sowie die Grapefruit schälen und in Stücke schneiden. Die Ananas schälen und mitsamt dem Strunk klein schneiden. Den Sellerie waschen und in Stücke schneiden. Alle Frucht- und die Selleriestücke in den Mixer geben.

2 Die Mungobohnen- und Radieschensprossen in einem Sieb abbrausen und abtropfen lassen. Die Sprossen zusammen mit den Eiswürfeln und 300 ml Wasser in den Mixer geben.

3 Den Mixer auf kleinster Stufe starten, dann alles auf höchster Stufe pürieren, bis ein cremiger Smoothie entstanden ist. Die Konsistenz prüfen. Nach Belieben noch etwas Wasser dazugeben und erneut kurz mixen.

4 Den Smoothie in Gläser füllen. Die Selleriestangen mit Blättern waschen, abtropfen lassen und je 1 Stange als Dekoration in jedes Glas stellen. Frisch und gut gelaunt genießen.

SUPERFOOD-TIPP

Um selbst frische Sprossen ziehen zu können,
schaffen Sie sich am besten ein Keimgerät oder Spros-
senglas an. Keimlinge und Sprossen sind nicht nur eine
lebendige Zutat im Smoothie, sondern
bereichern auch jeden Salat.

STILLES MORGENGEBET

MIT MÖHREN, GOJIBEEREN UND INGWER

SCHÜTZEND | REINIGEND

FÜR 5 PERSONEN (CA. 1 L)
ZUBEREITUNGSZEIT: 15 MIN. +
12 STD. EINWEICHEN
PRO PORTION: CA. 85 KCAL,
3 G EW, 1 G F, 16 G KH

50 g getrocknete Gojibeeren
(siehe S. 18)

50 g getrocknete Physalis

400 ml Wasser (insgesamt zum
Einweichen)

750 g Möhren / *alternativ:*
400 ml Möhrensaft

½ Zitrone

1 Stück Ingwer (1 cm lang)

1 Die Gojibeeren und Physalis in je 200 ml Wasser 12 Std. einweichen, am besten über Nacht.

2 Die Möhren waschen. Zum Servieren 1 Möhre in längliche Sticks schneiden, die übrigen Möhren mit einer Saftpresse entsaften, ca. 400 ml Saft abmessen. Die Zitronenhälfte schälen, den Ingwer waschen.

3 Die Gojibeeren und Physalis jeweils mitsamt dem Einweichwasser in den Mixer geben. Möhrensaft, Zitronenfruchtfleisch und Ingwer dazugeben.

4 Den Mixer auf kleinster Stufe starten, dann alles auf höchster Stufe pürieren, bis ein cremiger Smoothie entstanden ist.

5 Den Smoothie in Gläser füllen und die Möhrensticks dazulegen. Frisch und gut gelaunt genießen.

SMOOTHIE-TIPP

Statt Wasser können Sie auch immer wieder
frisch gepresste Frucht- und Gemüsesäfte
als Zutat verwenden.

BURNING DESIRE

MIT ÄPFELN, INGWER UND KARDAMOM

FÜR 4 PERSONEN (CA. 1 L)
ZUBEREITUNGSZEIT: 10 MIN. +
2 STD. EINWEICHEN
PRO PORTION: CA. 180 KCAL,
4 G EW, 1 G F, 33 G KH

150 g getrocknete Maulbeeren

200 ml Wasser (zum Einweichen)

3 Äpfel

1 Stück Ingwer (1,5 cm lang)

½ Zitrone

1 kräftige Prise gemahlener Kardamom (siehe Superfood-Info)

ca. 400 ml Wasser (zum Mixen)

1 Die Maulbeeren in 200 ml Wasser 2 Std. einweichen.

2 Die Äpfel waschen und in Stücke schneiden. Dabei jeweils Stiel und Blütenansatz entfernen, das Kerngehäuse belassen. Den Ingwer waschen. Die Zitronenhälfte waschen und spiralförmig mit einem scharfen Messer schälen, die Zitronenschale für die Dekoration beiseitelegen.

3 Apfelstücke, Ingwer und Zitronenfruchtfleisch mit dem Kardamom in den Mixer geben. Die Maulbeeren mitsamt dem Einweichwasser dazugeben. 400 ml Wasser hinzufügen.

4 Den Mixer auf kleinster Stufe starten, dann alles auf höchster Stufe pürieren, bis ein cremiger Smoothie entstanden ist. Die Konsistenz prüfen. Nach Belieben noch etwas Wasser dazugeben und erneut kurz mixen.

5 Den Smoothie in Gläser füllen und mit der beiseitegelegten Zitronenschale dekorieren. Frisch und gut gelaunt genießen.

SUPERFOOD-INFO

In der indischen Heilkunst werden die Vorzüge und Heilkräfte von Kardamom schon seit Jahrtausenden genutzt. Kardamom wird als kühlend angesehen und kommt bei Fieber, Mundgeruch, Blähungen und Appetitlosigkeit zum Einsatz. Dem Smoothie verleiht er eine spezielle, sehr frische Geschmacksnote.

FRAUEN LIEBEN IHN

MIT CHIA, FRAUENMANTEL UND BAOBAB

AUFBAUEND | BERUHIGEND

FÜR 6 PERSONEN (CA. 1,2 L)
ZUBEREITUNGSZEIT: 10 MIN. +
12 STD. EINWEICHEN
PRO PORTION: CA. 75 KCAL,
2 G EW, 2 G F, 12 G KH

3 EL Chiasamen (siehe Superfood-Info und S. 60)

4 getrocknete Feigen

340 ml Wasser (insgesamt zum Einweichen)

200 g Erdbeeren (frisch oder tiefgefroren)

100 g Preiselbeeren (frisch oder tiefgefroren)

15 Frauenmantelblätter

1 EL Baobab-Pulver (siehe S. 98)

ca. 500 ml Wasser (zum Mixen)

1 Die Chiasamen in 240 ml Wasser 12 Std. einweichen, am besten über Nacht. Die Feigen in 100 ml Wasser 2 Std. einweichen.

2 Die Erdbeeren waschen und abtropfen lassen, die grünen Blattansätze belassen. Die Preiselbeeren verlesen, waschen und abtropfen lassen (tiefgefrorene Beeren müssen nicht aufgetaut werden). Die Frauenmantelblätter waschen und abtropfen lassen. Für die Dekoration 6 Frauenmantelblätter und ca. 30 Preiselbeeren beiseitelegen. Restliche Blätter und Preiselbeeren mit den Erdbeeren in den Mixer geben.

3 Die Chiasamen und die Feigen jeweils mitsamt dem Einweichwasser sowie das Baobab-Pulver in den Mixer geben. 500 ml Wasser hinzufügen.

4 Den Mixer auf kleinster Stufe starten, dann alles auf höchster Stufe pürieren, bis ein cremiger Smoothie entstanden ist. Die Konsistenz prüfen. Nach Belieben noch etwas Wasser dazugeben und erneut kurz mixen.

5 Den Smoothie in Gläser füllen. Auf jedes beiseitegelegte Frauenmantelblatt jeweils ca. 5 Preiselbeeren legen und zu den Smoothies reichen. Frisch und gut gelaunt servieren.

SUPERFOOD-TIPP

Chiasamen sind eine ausgezeichnete Eiweißquelle, die Sie häufig verwenden sollten, z. B. auch in einem Chiapudding (für 4 Personen): Dafür 70 g Chiasamen in 600 ml Wasser einweichen, dabei immer wieder umrühren. 2 EL rohes Mandelmus und 2 EL Yacon-Sirup unterrühren. 200 g Banane zerdrücken, mit 1 Prise Zimtpulver bestreuen und unter die Chiasamen-Mischung rühren. Mit Bananenscheiben garnieren.

MORGENRÖTE IM GESICHT

MIT KAKAO UND PAPAYA

SCHÜTZEND | AUFBAUEND

*FÜR 4 PERSONEN (CA. 1 L)
ZUBEREITUNGSZEIT: 10 MIN. +
2 STD. EINWEICHEN
PRO PORTION: CA. 150 KCAL,
2 G EW, 5 G F, 20 G KH*

30 g getrocknete Physalis

150 ml Wasser (zum Einweichen)

½ Ananas

½ mittelgroße Papaya

30 g rohe Kakaonibs

ca. 400 ml Wasser (zum Mixen)

1 Die Physalis in 150 ml Wasser 2 Std. einweichen.

2 Die Ananas schälen und mitsamt dem Strunk in Stücke schneiden. Aus der Papayahälfte die Kerne bis auf einen kleinen Teil entfernen. Das Fruchtfleisch mit einem Löffel aus der Schale herauslösen. Ananasstücke und Papayafruchtfleisch mit den verbliebenen Kernen in den Mixer geben.

3 Die Physalis mitsamt dem Einweichwasser und die Kakaonibs ebenfalls in den Mixer geben. 400 ml Wasser hinzufügen.

4 Den Mixer auf kleinster Stufe starten, dann alles auf höchster Stufe pürieren, bis ein cremiger Smoothie entstanden ist. Die Konsistenz prüfen. Nach Belieben noch etwas Wasser dazugeben und erneut kurz mixen.

5 Smoothie in Gläser füllen, den Power-Drink frisch und gut gelaunt genießen.

SUPERFOOD-TIPP

Werfen Sie die Papayakerne, die Sie nicht im Smoothie verwenden, nicht weg. Ihre Inhaltsstoffe sorgen für die Regeneration der Leber, bekämpfen Darmparasiten und bakterielle Infektionen. Außerdem hilft das Kauen der kleinen schwarzen Kerne gegen Mundgeruch.

LOST IN TEMPTATION

BERUHIGEND | SCHÜTZEND

FÜR 4 PERSONEN (CA. 800 ML)
ZUBEREITUNGSZEIT: 10 MIN.
PRO PORTION: CA. 80 KCAL,
2 G EW, 0 G F, 17 G KH

250 g rote Wassermelone

150 g Stachelbeeren (siehe
Superfood-Info)

100 g Heidelbeeren (frisch oder
tiefgekühlt)

3 Pfirsiche (ca. 375 g)

ca. 200 ml Wasser

1 Die Wassermelone waschen und in Stücke schneiden, dabei die Schale belassen. Die Stachelbeeren und die Heidelbeeren waschen und abtropfen lassen (tiefgekühlte Beeren müssen nicht aufgetaut werden). Die Pfirsiche waschen, halbieren, entsteinen und in Stücke schneiden. Alle vorbereiteten Früchte in den Mixer geben. 200 ml Wasser hinzufügen.

2 Den Mixer auf kleinster Stufe starten, dann alles auf höchster Stufe pürieren, bis ein cremiger Smoothie entstanden ist. Die Konsistenz prüfen. Nach Belieben noch etwas Wasser dazugeben und erneut kurz mixen.

3 Den Smoothie in Gläser verteilen. Frisch und gut gelaunt genießen.

SUPERFOOD-INFO

Stachelbeeren sind reich an Silizium und somit gut für das Bindegewebe. Sie entgiften den Körper von Schwermetallen und reinigen den Darm. Nur die Pflanze hat Stacheln, die Beeren selbst weisen je nach Sorte nur eine leichte Behaarung auf.

FRISCHE GEMÜSE-GISCHT

MIT KERNEN, ALGEN UND FENCHEL

FÜR 4 PERSONEN (CA. 800 ML)
ZUBEREITUNGSZEIT: 10 MIN. +
12 STD. EINWEICHEN
PRO PORTION: CA. 65 KCAL,
2 G EW, 3 G F, 6 G KH

2 EL Sonnenblumenkerne

10 g Rotalgen / *Algen siehe S. 98*

250 ml Wasser (insgesamt zum
Einweichen)

2 Tomaten

2 rote Paprikaschoten

½ Fenchelknolle

ca. 300 ml Wasser (zum Mixen)

1 Die Sonnenblumenkerne in 50 ml Wasser 12 Std. einweichen, am besten über Nacht. Die Rotalgen in 200 ml Wasser 4 Std. einweichen.

2 Die Tomaten waschen und vierteln, dabei jeweils den Stielansatz entfernen. Die Paprikaschoten waschen und den grünen Stielansatz jeweils herausschneiden, dann die Schoten mitsamt den Samenständen in kleine Stücke schneiden. Die Fenchelknolle waschen und mitsamt dem Strunk klein schneiden. Tomaten, Paprikaschoten und Fenchel in den Mixer geben.

3 Die Rotalgen und die Sonnenblumenkerne jeweils mitsamt dem Einweichwasser dazugeben. 300 ml Wasser hinzufügen.

4 Den Mixer auf kleinster Stufe starten und dann alles auf höchster Stufe so lange pürieren, bis ein cremiger Smoothie entstanden ist. Die Konsistenz prüfen. Nach Belieben noch etwas Wasser dazugeben und erneut kurz mixen.

5 Den Smoothie in Gläser füllen. Frisch als herzhafte Zwischenmahlzeit genießen.

SUPERFOOD-INFO

Achten Sie bei der Verwendung von Süßwasser- und Meeresalgen darauf, eine Tagesmenge von 10 bis 15 g nicht zu überschreiten. Diese Menge wirkt bereits entgiftend und reicht aus, Sie optimal mit Nährstoffen zu versorgen.

NORIGURKI FLOW

MIT ALGEN, GURKE UND FLOHSAMEN

AUFBAUEND | REINIGEND

FÜR 3 PERSONEN (CA. 750 ML)
ZUBEREITUNGSZEIT: 10 MIN. +
2 STD. EINWEICHEN
PRO PORTION: CA. 11 KCAL,
1 G EW, 0 G F, 2 G KH

10 g Nori-Algenflocken /
Algen siehe S. 98

100 ml Wasser (zum Einweichen)

1 mittelgroße Salatgurke (ca. 250 g)

1 EL Flohsamenschalen
(siehe Superfood-Info)

ca. 300 ml Wasser (zum Mixen)

1 Prise Himalaya-Kristallsalz
(siehe S. 53)

1 Prise Pfeffer

1 Die Nori-Algen in 100 ml Wasser 2 Std. einweichen.

2 Die Salatgurke waschen. Für die Dekoration 3 dünne Scheiben abschneiden und beiseitelegen, die restliche Gurke in Stücke schneiden.

3 Die Algen mitsamt dem Einweichwasser in den Mixer geben. Die Gurkenstücke und die Flohsamen dazugeben. 300 ml Wasser hinzufügen.

4 Den Mixer auf kleinster Stufe starten und dann alles auf höchster Stufe so lange pürieren, bis ein cremiger Smoothie entstanden ist. Die Konsistenz und den Geschmack prüfen. Nach Belieben noch etwas Wasser dazugeben, mit Salz und Pfeffer abschmecken und erneut kurz mixen.

5 Den Smoothie in Gläser verteilen. Für die Dekoration die beiseitegelegten Gurkenscheiben jeweils bis zur Mitte einschneiden und auf die Glasränder stecken. Frisch und gut gelaunt genießen.

SUPERFOOD-INFO

Flohsamen sind die Samen des indischen Wegerichs. Sie quellen bis auf das 20fache ihres Volumens auf und sorgen für ein angenehmes Sättigungsgefühl. Flohsamenschalen geben dem Smoothie eine sämige Konsistenz und eignen sich sehr gut zum Andicken von Speisen. Die Einnahme von Flohsamen auf leeren Magen bewirkt eine voluminöse Stuhlentleerung.

APFELSCHORLE ADE

MIT KOKOSMUS UND ZIMT

BERUHIGEND

FÜR 2 PERSONEN (CA. 400 ML)
ZUBEREITUNGSZEIT: 5 MIN.
PRO PORTION: CA. 40 KCAL,
0 G EW, 3 G F, 4 G KH

2 süße Äpfel

2 EL Kokosmus (siehe S. 97)

1 EL frisch gepresster Zitronensaft

1 Prise Zimtpulver

ca. 100 ml Wasser

1 Die Äpfel waschen und in Stücke schneiden. Dabei jeweils Stiel und Blütenansatz entfernen, das Kerngehäuse belassen.

2 Die Äpfel mit dem Kokosmus, dem Zitronensaft und dem Zimtpulver in den Mixer geben. 100 ml Wasser hinzufügen.

3 Den Mixer auf kleinster Stufe starten und dann alles auf höchster Stufe so lange pürieren, bis ein cremiger Smoothie entstanden ist. Die Konsistenz prüfen. Nach Belieben noch etwas Wasser dazugeben und erneut kurz mixen.

4 Den Smoothie in Gläser füllen. Sofort als erfrischende Zwischenmahlzeit genießen.

SUPERFOOD-INFO

Forscher fanden heraus, dass allein der Duft von Zimt die kognitiven Leistungen des Gehirns steigern kann!

UNGETEILTE WIRKLICHKEIT

MIT MELONE, CHLORELLA UND BEEREN

SCHÜTZEND

FÜR 2 PERSONEN (CA. 500 ML)
ZUBEREITUNGSZEIT: 5 MIN.
PRO PORTION: CA. 85 KCAL,
6 G EW, 1 G F, 10 G KH

125 g rote Wassermelone

125 g TK-Beerenmix

2 EL Chlorella-Pulver (siehe
Superfood-Info) / *Algen siehe S. 98*

ca. 200 ml Wasser

Für die Dekoration:

1 Stück rote Wassermelone

1 Die Wassermelone schälen und in kleine Stücke schneiden. Die Melonenstücke mit dem gefrorenen Beerenmix und dem Chlorella-Pulver in den Mixer geben. 1 TL Chlorella-Pulver für die Deko zurückbehalten. 200 ml Wasser hinzufügen.

2 Den Mixer auf kleinster Stufe starten und dann alles auf höchster Stufe so lange pürieren, bis ein cremiger Smoothie entstanden ist. Die Konsistenz prüfen. Nach Belieben noch etwas Wasser dazugeben und erneut kurz mixen.

3 Smoothie in Gläser füllen. Für die Dekoration aus der Melone 2 spitze dreieckige Stücke schneiden und diese jeweils mit der Spitze in das Chlorella-Pulver tauchen. Zu jedem Smoothie 1 Melonenstück mit grüner Spitze reichen.

SUPERFOOD-INFO

Chlorella ist ein hervorragendes Nahrungsmittel zur Ausleitung von Schwermetallen. Benutzen Sie Chlorella oft in Ihrem Superfood-Smoothie, wenn Sie eine längere Entgiftungskur machen.

LUCU-KURKU-MAMA

MIT KIRSCHEN, CHIASAMEN UND KURKUMA

SCHÜTZEND

FÜR 4 PERSONEN (CA. 1,2 L)
ZUBEREITUNGSZEIT: 10 MIN. +
2 STD. EINWEICHEN
PRO PORTION: CA. 165 KCAL,
3 G EW, 4 G F, 28 G KH

100 g getrocknete Sauerkirschen

3 EL Chiasamen (siehe S. 60)

340 ml Wasser (insgesamt zum
Einweichen)

3 Äpfel

1 EL Lucuma-Pulver / *Fruchtpul-*
ver, Bezugsadressen siehe S. 141

½ TL Kurkumapulver

ca. 400 ml Wasser (zum Mixen)

1 Die Sauerkirschen in 100 ml Wasser und die Chia-samen in 240 ml Wasser jeweils 2 Std. einweichen.

2 Die Äpfel waschen und in Spalten schneiden. Dabei jeweils Stiel und Blütenansatz entfernen, das Kernge-häuse belassen. Die Apfelspalten in den Mixer geben.

3 Die Sauerkirschen und Chiasamen jeweils mitsamt dem Einweichwasser ebenfalls in den Mixer geben. Das Lucuma-Pulver und das Kurkumapulver dazugeben. 400 ml Wasser hinzufügen.

4 Den Mixer auf kleinster Stufe starten, dann alles auf höchster Stufe pürieren, bis ein cremiger Smoothie ent-standen ist. Die Konsistenz prüfen. Nach Belieben noch etwas Wasser dazugeben und erneut kurz mixen.

5 Den Smoothie in Gläser füllen. Frisch und gut ge-launt genießen.

SUPERFOOD-INFO

Wenn Sie im Sommer Süß- und Sauerkirschen
frisch vom Baum naschen, sollten Sie nicht vergessen,
auch ein paar grüne Kirschbaumblätter zu verspeisen.
Das Chlorophyll verlangsamt die Aufnahme des Frucht-
zuckers und schont die Bauchspeicheldrüse.

ARI GRAPI YACI

MIT ARONIA, GRAPEFRUIT UND BANANE

SCHÜTZEND | REINIGEND

FÜR 3 PERSONEN (CA. 700 ML)
ZUBEREITUNGSZEIT: 10 MIN.
PRO PORTION: CA. 100 KCAL,
1 G EW, 0 G F, 22 G KH

50 g getrocknete Aroniabeeren
(siehe S. 18)

100 ml Wasser (zum Einweichen)

1 Banane

2 Grapefruits (siehe
Superfood-Info)

3 EL Yacon-Sirup / *alternative*
Süßungsmittel siehe S. 95

ca. 300 ml Wasser (zum Mixen)

1 Die getrockneten Aroniabeeren in 100 ml Wasser 2 Std. einweichen.

2 Die Banane schälen und in Stücke schneiden. Die Grapefruits waschen und schälen, in Stücke schneiden und in den Mixer geben.

3 Aroniabeeren mitsamt dem Einweichwasser, Banane und Yacon-Sirup ebenfalls in den Mixer geben. 300 ml Wasser hinzufügen.

4 Den Mixer auf kleinster Stufe starten, dann alles auf höchster Stufe pürieren, bis ein cremiger Smoothie entstanden ist. Die Konsistenz prüfen. Nach Belieben noch etwas Wasser dazugeben und erneut kurz mixen.

5 Den Smoothie in die Gläser füllen. Frisch und fröhlich servieren und genießen.

SUPERFOOD-INFO

Grapefruit verhindert ein starkes Ansteigen des Blutzucker- und Insulinspiegels. Darüber hinaus wird die Frucht als Stärkungsmittel für die Leber eingesetzt. Essen Sie die Grapefruit auch oft mit dem ballaststoffreichen weißen Fruchtfleisch unter der Schale, indem Sie – wie in diesem Rezept – die Frucht nicht mit der Hand, sondern mit dem Messer nicht zu großzügig schälen.

www.facebook.com/gu.verlag

Liebe Leserin, lieber Leser,

haben wir Ihre Erwartungen erfüllt? Sind Sie mit diesem Buch zufrieden? Haben Sie weitere Fragen zu diesem Thema? Wir freuen uns auf Ihre Rückmeldung, auf Lob, Kritik und Anregungen, damit wir für Sie immer besser werden können.

GRÄFE UND UNZER Verlag
Leserservice
Postfach 86 03 13
81630 München
E-Mail:
leserservice@graefe-und-unzer.de

Telefon: 00800 / 72 37 33 33*
Telefax: 00800 / 50 12 05 44*
Mo–Do: 9.00 – 17.00 Uhr
Fr: 9.00 – 16.00 Uhr
(* gebührenfrei in D, A, CH)

Ihr GRÄFE UND UNZER Verlag
Der erste Ratgeberverlag – seit 1722.

GRÄFE UND UNZER

Ein Unternehmen der
GANSKE VERLAGSGRUPPE

Projektleitung: Monika Greiner
Lektorat: Karin Kerber
Korrektorat: Ulrike Wagner
Innen- und Umschlaggestaltung: independent Medien-Design, Horst Moser, München
Herstellung: Susanne Mühldorfer
Satz: Longo AG, Bozen
Reproduktion: Longo AG, Bozen
Druck und Bindung: F&W Druck- und Mediencenter GmbH, Kienberg
Syndication: www.jalag-syndication.de
Printed in Germany

1. Auflage 2016
ISBN 978-3-8338-5022-6

DIE AUTOREN

Dr. med. Christian Guth setzt besonders grüne Smoothies mit großem Erfolg in der Behandlung seiner Patienten ein. Nach seiner jahrelangen Erfahrung verbessern sie Gesundheit und Fitness.

Burkhard Hickisch (www.burkhard-hickisch.de) ist Grüne-Smoothie-Enthusiast der ersten Stunde. Als Autor und Vortragsredner hat er schon unzähligen Menschen den grünen Smoothie schmackhaft gemacht.

Martina Dobrovičová (www.kissfrominside.com) ist Kräuterpädagogin und Ernährungsberaterin, in ihren Kursen zaubert sie köstliche Smoothies für jeden Geschmack und Bedarf.
In diesem Buch widmet sich das Autorentrio den Superfood-Smoothies und deren phänomenaler Wirkung auf uns.

DIE FOTOGRAFEN

Andrea Kramp und **Bernd Gölling** lernten sich während des Fotodesign-Studiums in Hamburg kennen. Seit 1983 sind sie freiberuflich tätig und arbeiten gemeinsam in ihrem Studio in Reeßum im Bereich Food und Still Life. Zu ihren Kunden zählen Redaktionen, Verlage und Agenturen. Die Superfood-Smoothie-Rezepte in diesem Buch haben sie mit **Hermann Rottmann** (Foodstyling) stimmungsvoll in Szene gesetzt.

Bildnachweis: Autorenfotos: privat; alle anderen Fotos: Kramp + Gölling Fotodesign, Reeßum.

Titelrezept: Purpurne Genüsse (S. 82).

Umwelthinweis: Dieses Buch ist auf PEFC-zertifiziertem Papier aus nachhaltiger Waldwirtschaft gedruckt.

Die Anregungen in diesem Buch stellen die Meinung beziehungsweise Erfahrungen der Autoren dar und wurden von ihnen nach bestem Wissen und Gewissen erstellt. Sie bieten jedoch keinen Ersatz für kompetenten medizinischen Rat. Jede Leserin, jeder Leser sollte für das eigene Tun auch weiterhin selbst verantwortlich sein. Weder die Autorin noch der Verlag können für eventuelle Nachteile oder Schäden, die aus den im Buch gegebenen praktischen Hinweisen resultieren, eine Haftung übernehmen.

Appetit auf mehr?

SUPERFOODS FÜR UNTERWEGS
Mit Power durch den Tag

ISBN 978-3-8338-5167-4

DR. MED. THOMAS WENDEL
CATRIN WENDEL

RAINBOW SMOOTHIES
Mit Kräutern und Gewürzen zu mehr
Gesundheit und Wohlbefinden

ISBN 978-3-8338-5102-5

ULRIKE GÖBL

CLEAN EATING
PUR ESSEN, GESÜNDER LEBEN

ISBN 978-3-8338-4796-7

CLEAN EATING
Die besten Rezepte

Laden im App Store

SUSANNA BINGEMER
HANS GERLACH

KOCHEN MIT
SUPER FOODS
REZEPTE FÜR KÖRPER,
KOPF UND SEELE

ISBN 978-3-8338-4471-3

GUTH | HICKISCH | DOBROVICOVÁ

GRÜNE SMOOTHIES
Vitalstoffpower aus
dem Mixer

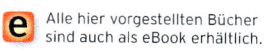

ISBN 978-3-8338-4306-8

Mehr von GU auf **www.gu.de** und
f **facebook.com/gu.verlag**

G|U
Willkommen im Leben.

EIWEISS, FETT UND KOHLENHYDRATE

Der Körper kann Eiweiß selbst herstellen, allerdings muss er dafür die essenziellen Aminosäuren mit der Nahrung aufnehmen. Hervorragende Eiweißquellen für Ihren Superfood-Smoothie sind: Sonnenblumen- und Kürbiskerne, Chia-, Hanf- und Leinsamen, Nüsse, Spirulina und Chlorella, grünes Blattgemüse (besonders Wildkräuter, Baum- und Strauchblätter, Gräser), Sprossen, Kokosnussprodukte und Feigen.

Gesunde Fette kommen ausschließlich in Pflanzen vor. Mit der Nahrung aufgenommenes Fett sollte hauptsächlich aus einfach ungesättigten Fettsäuren bestehen, die zum Beispiel reichlich in Avocados und Oliven vorhanden sind. Erforderlich sind jedoch auch mehrfach ungesättigte Omega-3- und Omega-6-Fettsäuren, wie in Chia-, Lein- und Hanfsamen, in Kürbis- und Sonnenblumenkernen, Walnüssen, Pinienkernen, grünem Blattgemüse, Brokkoli- und Sojabohnensprossen.

Bis zu 70 Prozent unseres Kalorienbedarfs sollten wir aus Kohlenhydraten decken. Sie liefern Energie, sorgen für süßen Geschmack und spielen eine wichtige Rolle als Präbiotika und Ballaststoffe. Früchte aller Art, Fruchtgemüse, Getreide- und Hülsenfruchtsprossen sowie Pflanzengrün aller Art sind gute Lieferanten für Kohlenhydrate.

VITAMINE, MINERALIEN & SPURENELEMENTE

Vitamine regulieren unseren Energiehaushalt, stärken das Immunsystem und wirken als wichtige Antioxidantien. Fast alle wichtigen Vitamine bekommen Sie durch eine Mischung aus Obst, Beeren- und Zitrusfrüchten, Avocados, Tomaten, grünem Blattgemüse, Samen, Nüssen und Sprossen.

Pflanzliche Nahrung enthält alle Mineralien und Spurenelemente, die unser Körper braucht. Grünes Blattgemüse ist besonders reich an Magnesium, Kalzium, Phosphor, Eisen, Mangan, Natrium und Kalium. Früchte, Nüsse, Samen und Sprossen hingegen sind gute Lieferanten für Kupfer, Chrom, Selen und Zink. Jod für die Schilddrüse findet sich vor allem in Algen.

DER SEGEN DER PHYTONÄHRSTOFFE

Phytonährstoffe kommen ausschließlich in Pflanzen vor, z. B. als Farb- und Duftstoffe sowie als Schutz vor Bakterien oder Viren. Für den Menschen sind Phytonährstoffe nicht lebensnotwendig, aber sehr wertvoll, da sie vor Krankheiten schützen. Superfoods sind die beste Quelle dafür. Wo sie vorkommen und wie sie wirken, sehen Sie in der Tabelle auf der nebenstehenden Klappe.